언캐니한 것들의 목소리

낯익은 낯섦에 관한 철학 에세이

[일러두기]

1. 외국 인명과 지명 표기는 국립국어원의 외래어 표기법을 따랐다. 일부는 통용되는 표기법을 따랐다.
2. 단행본, 잡지, 소책자는 『 』, 논문과 기사는 「 」, 영화 등 창작물은 < >으로 묶어 표시하였다.
3. 본문에 인용된 성서의 번역은 대한성서공회의 『공동번역성서』, 『성경전서 개역개정판』, 『성경전서 표준새번역』을 참조하였다.

언캐니한 것들의 목소리

낯익은 낯섦에 관한 철학 에세이

서동수

영원한 나의 첫 독자,

同志 여지선 님께

저자의 말

아무리 생각해 보아도 질문하기를 좋아해 본 적이 없다. 선생님은 늘 질문을 요구했지만 영 불편하다. 자기검열이 늘 따라왔다. 제대로 된 질문인지, 학우들이 비웃지는 않을지, 너무 나대는 것은 아닌지 등등. 그래서 필경사 바틀비처럼 '하지 않는 편을 택하겠습니다'라고 다짐하고 입을 꾹 다무는 편을 택했다.

생각해 보면 정말로 선생님이 질문을 원했는지도 의문이다. "동화는 교훈적이란다." 그래서 질문하고 싶었다. "정말요? 〈백설공주〉의 교훈은 뭐예요? 남이 주는 사과는 함부로 받아먹지 말자인가요?", "〈아기 돼지 삼형제〉는 집은 벽돌로 지으라는 교훈인가요?", "〈늑대와 일곱 마리 아기 양〉은 아이들이 읽기에는 너무 잔인하지 않나요? 엄마 양이 늑대 배를 가르고 물에 빠트려 죽이자 아기 양들이 너무너무 좋아해요."라고.

안 하길 잘했다. 가뜩이나 친구도 없는데 노바디(nobody)가 되고 싶지는 않았다. 선생님께도 좋은 일을 한 것 같다. 원치 않은 질문 때문에 선생님의 하루를 망치고 싶지 않았다. 그래도 남는 의문은, 정말 선생님은 질문을 바랐을까, 이다. 생각해 보면 질문은 애당초 금지된 것이었다. 모둠 활동을 통해 자신의 생각을 써 보거나 질문을 해보라고 하지만, 거기에도 정해진 범위가 있다. 그 경계를 넘어서자 선생님 표정이 굳어지는 걸 몇 번 봤다.

교과서는 정답만이 실려 있는 진리의 텍스트였다,고 믿어야 했다. 의문을 품고 질문을 던지기 시작하면 인생이 꼬일 수 있다. 특히 선생님의 정성스런 답변에도 의문이 계속 남는다면 정말 큰 문제가 될 수 있다. 교과서는 원천적으로 질문이 금지된 텍스트이다. 우리는 믿어야 하고, 맹신해야 한다. 맹종하지 않으면 제대로 시험을 치를 수 없으며 대학은 꿈도 꿀 수 없다. 믿어야 한다. 그래야 '불행한 과거-불안한 현재-알 수 없는 미래' 사이에 끼인 내가 구원받을 수 있다. 예수님도 말씀하지 않으셨던가, "진리가 너희를 구원하리라."

이제는 나이도 먹었고, 시험 때문에 고민할 일도 적어졌다. 그래서였을까? 망각 속에 봉인되었던 질문들이 다시 스멀스멀 올라오기 시작했다. 살아온 시간만큼 아는 것도 늘었고, 그래서 질문거리도 더 많아졌다. 의문의 여지가 없는, 자명하다는 것들을 질문의 테이블 위에 올려놓아 보았다. 그리고 다른 위치에서 바라보았다. 그랬더니 착시효과의 실재를 봤을 때와 같은 기분이 들었다.

이 글은 이렇게 시작되었다. 자명하고 익숙하다고 믿었던 것들을 분해했고 다른 방식으로 조립해 보았다. 예상했던 대로 낯설고 이상한 것이 만들어졌다. 원래의 이름 대신 다른 이름이 필요했다. '기괴한 것들(uncanny things)'. 제법 어울리는 이름이다. 생각해 보면 우리도 '기괴한 것들'이다. 우리 안에는 이상하고 섬뜩한 것들로 가득 차 있다. 모두들 알면서도 쉬쉬할 뿐이다. 우리 자신과 세계를 보다 정확히 이해하기 위해서는 이 기괴한 것을 정면으로 마주해야 한다. 그리고 질문을 던져야 한다. '넌 누구냐'고, '왜 그리 이상하고 못생긴 거냐'고. 기괴한 것과의 오랜 대화가 마무리될 즈음 우리는 지금보다 조금 더 현명해져 있을 것이다, 라는 믿음을 가져야 한다.

이 책의 글들은 히어로, 빌런, 괴물, 신, 재난을 '기괴한 것들'로 바라보고 써 내려간 것이다. 이를 위해 프로이트와 자크 라캉의 정신분석과 슬라보예 지젝, 테리 이글턴, 발터 벤야민, 장-뤽 낭시, 롤랑 바르트 등의 철학자와 사상가 그리고 토마스 아퀴나스, 아우구스티누스, 야콥 타우베스 등 신학자들의 관점을 참조했다.

1장은 히어로와 빌런을 대상으로 삼았다. 히어로와 빌런에 대한 고정관념에 균열을 내고자 하였다. 무엇보다 히어로야말로 강박증자이자 이웃 없는 정의라는 도착적 쾌락에 빠져 세계의 모순을 가리는 존재일 수 있다. 반면 근본악이라 믿었던 빌런은 헤아릴 수 없는 두려운 존재이자 제거해야 할 타자가 아니다. 빌런의 언술과 행위는 오히려 근본적으로 잊고 있었던 것을 일깨우기 위해 우리를 아포리아의 상태로 만드는 소크라테스를 닮았다.

2장은 뱀파이어, 늑대인간 등 괴물의 존재론적 의미에 대해 논의했다. 특히 오늘을 대표하는 괴물-좀비에 주목했다. 흔히 좀비를 비이성적인 존재나 소비의 쾌락에 빠진 대중에 빗대곤 한다. 하지만 좀비의 부정성을 부정한다면 다른 결과가 가능하지 않을까? 좀비는 좀 특이한 괴물이다. 인간의 육신을 탐한다는 점에서는 여타의 괴물들과 다르지 않다. 하지만 좀비는 신을 믿지 않는다. 그들은 마늘, 십자가 같은 금기도 없으며 먹이를 두고 경쟁하거나 서로 살상하지 않는다. 좀비에게는 권력투쟁이나 계급 갈등도 없다. 위계 없는 평등

한 존재들이 무리 지어 어슬렁거리는 모습은 마치 고독한 수행자를 보는 것 같다. 모든 이를 동일자로 만드는 감염 사태에서 "내 살을 먹고 내 피를 마시는 자는 영생을" 가진다는 예수의 말씀이 떠오르는 것은 전혀 이상하지 않다.

3장은 기독교에 대한 대안적 비판을 모색하는 글이다. '지금 여기' 기독교의 가장 중요한 주제는 인간의 구원이 아니라 신의 구원이다. 오늘날의 신은 자본의 대리인이거나 극단적 광기를 합리화해 주는 기이한 존재가 되었다. 신이 자신의 전지전능함을 자본과 교환하는 순간 신은 자본의 권력에 포획당했다. 이제 신은 무기력 안에서 괴로워하는 우울증 환자가 된 것이다. 종교를 폐기하는 것은 불가능하다. 따라서 우리의 계획은 다시 신을 사랑의 선포자로 회복시켜 진정한 사랑의 복음을 완성시키는 것이다.

마지막 4장은 재난이라는 사태가 갖는 양가성과 이데올로기적 수행을 살피고자 했다. 재난은 분명 비극적 사태이지만 그것으로만 그치지는 않는다. 재난은 우리에게 중요한 메시지를 제시하고 있기 때문이다. 그리고 재난은 이데올로기의 좋은 먹잇감이기도 하다. 특히 여기서는 일본의 재난 서사에 집중했다. 이를 통해 일본인들이 왜 그토록 전통-과거에 집착하는지, 그리고 왜 그들은 여전히 유아기적 상태에 머물러 있어야 했으며, 머물기를 바라는지 이데올로기와 무의식의 관점에서 살펴보았다.

철학자 데리다의 『환대에 대하여』는 '이방인에 관한 물음, 그것은 이방인으로부터 온 물음 아닌가'라는 질문으로 시작한다. 우리의 책 역시 '언캐니'한 이방인에 관한 것이다. 동시에 그 이방인을 향한 질문이자 그들의 목소리를 듣고 응답하기 위한 여정이다. 기괴한 것은 밖에서 오는 것만이 아니다. 바로 우리가 언캐니 그 자체이다. 이방인에 관한 물음이 우리 자신을 향한 물음인 이유가 여기에 있다.

서동수

차 례

저자의 말 7

프롤로그 17

I. 신념은 사치일 뿐이지, 오늘 밤 그걸 깨게 될 거야 23
    세 가지 질문 25
    어느 강박증자의 고백 28
    제욱시스와 파라시오스 36
    '이웃' 없는 정의와 도착적 쾌락 43
    빌런의 질문과 윤리성 65
    조커의 산파술 78

II. 내 살을 먹고 내 피를 마시는 자는 영생을 가졌고… 81
    새로운 이방인 83
    언캐니 그리고 엑스 니힐로의 주체 89
    감염과 환대의 윤리학 100
    폭발하는 혁명성과 메시아적 폭력 113
    또 다른 주체의 가능성 126

III. 그렇다면 신은 누가 구원할 것인가? 129
기독교, 자본의 데우스 엑스 마키나 131
절대성의 붕괴 136
사랑의 혁명성 159
구원된 구원자 186

IV. 재난은 어떻게 우리를 어린아이로 만드는가? 191
재난의 양가성과 일본의 재난 서사 193
현대와 전통의 전쟁 200
재난 가족과 전통이라는 인장 208
사회적 재난과 실낙원의 소환 220
유아기적 나르시시즘 237

에필로그 243

프롤로그

"그녀는 그 끔찍한 발견을 슬픈 와중에도 탐욕스럽게 기다렸다."
- 오스틴 라이트, 『토니와 수잔』 중에서[1]

언캐니(uncanny, 독일어 unheimlich)
[형용사] 불가사의한, 무시무시한, 으스스한, 기분 나쁜, 섬뜩한

한 남자가 있다. 집 안 청소를 하던 남자는 아이들 방으로 들어갔다. 엉망이다. 인형과 장난감들이 방안을 장악하고 있다. 하나씩 처리하기로 했다. 장난감들을 각자의 위치로 옮겨놓았다. 이번에는 인형이다. 이것만 처리하면 이 방은 다시 평안을 찾을 것이다. 역시 하나둘 정리를 하고 주위를 돌아보니 침대 위에 미키마우스 인형이 멍하니 앉아 있다. '난 항복이야. 네 마음대로 해'라고 하는 듯 자포

---

1) 오스틴 라이트, 박산호 옮김, 『토니와 수잔』, 오픈하우스, 2022, 113쪽.

자기한 모습으로 멍하니 앉아 있다. 제법 크다. 4살 아이의 키를 훌쩍 넘는 녀석이다. 인형의 오른팔을 잡고 들었다. 딜렁거리며 딸려오던 미키마우스와 눈이 마주친 건 그때였다. 원래 그렇지만 이 녀석의 눈은 유달리 컸다. 무심결에, 정말이지 무심결이었다. 미키마우스의 커다란 눈이 나를 응시하고 있다,고 생각했다. 지고 싶지 않았다. 그래서 그 남자도 힘주어 미키마우스의 눈을 응시했다. 거기서 멈췄어야 했다. 그랬다면 아무 일도 일어나지 않았을 것이다. 그러나 그러지 못했다. 그것은 불가능한 일처럼 느껴졌다. 그것의 눈빛에서 뭔가가 느껴진 것이다. 약간 이상하고 두려웠지만 물러서고 싶지 않았고, 무엇보다 그것이 무엇인지 알고 싶었다. 계속된 응시. 갑자기 남자의 온몸에 소름이 쭈-욱 끼쳤다. 섬뜩했다.

한 남자가 있다. 출근 시간은 아직 넉넉하다. 잠을 충분히 잤는지 몸이 가볍다. 세면장에서 샤워를 한다. 면도를 하기 위해 김 서린 거울을 손으로 스-윽 닦아냈다. 거울에 얼굴을 가까이 가져갔다. 손으로 밤새 자란 턱수염을 만져 보았다. 거울에 비친 얼굴이 보였다. 나쁘지 않다. 붓기도 없고 턱선은 조금도 무뎌지지 않았다. 쉐이빙폼을 얼굴에

바르고 꼼꼼하게 면도를 시작했다. 세수를 마치고 다시 거울을 바라보았다. 어제와 똑같은 얼굴이 그곳에 있다. 흐뭇하게 거울 속 자신을 쳐다보았다. 그때였다. 거울 속 자신과 눈이 마주쳤다. 거울 속 그가 지그시 바라보고 있다. 응시…. '뭐지?, 이 느낌은?' 이상했지만 약간의 호기심도 있었다. 그때 멈췄어야 했다. 그랬다면 어제와 똑같은 하루를 시작할 수 있었다. 하지만 그럴 수 없었다. 그만두어야겠다고 생각했지만 알 수 없는 힘이 그를 거울 앞에 붙들어 두었다. 세면대를 잡은 팔에 힘이 들어갔다. 남자는 한동안 거울 속 존재를 응시하고 있었다. 아니다. 거울 속 그가 남자를 쳐다보고 있다. 이질감이 느껴지기 시작했다. 남자는 이성을 놓지 않았다. '저건 내 얼굴이야.' 하지만 응시의 시간이 길어지자 그는 견딜 수 없는 지경에 이르렀다. 남자는 힘주어 고개를 돌렸다. 그리고는 긴 숨을 몰아쉬어야 했다.

일반적으로 '언캐니'는 낯익은 대상에서 낯섦을 느꼈을 때의 섬뜩한 감정을 말한다. 독일의 심리학자 에른스트 옌치는 1906년 언캐니에 대해 다음과 같이 설명했다. "어떠한 존재가 겉으로 보아서는 꼭 살아 있는 것만 같아 혹시 영혼을 갖고 있지 않나 의심이 드는 경우나 혹은 반대로 어떤 사물이 결코 살아 있는 생물이 아님에도 불구하고 우연히 영혼을 잃어버려서 영혼을 갖고 있지 않은 것이 아닌가 하는 의심이 드는 경우"[2]이다. 옌치는 언캐니의 사례로 자동인형, 마네킹, 밀랍인형 등을 들고 있다. 오늘날이라면 리얼돌, 안드로이드 등이 포함될 것이다. 현재 시중에서 판매되고 있는 리본 베이비돌(reborn baby doll)은 실제 아기와 구별 불가능할 정도이다. 이 인형은 특수 실리콘으로 피부를 재현하고 있으며 정교한 색칠로 혈관이나 정맥까지도 재현하고 있다. 이 대상이 섬뜩한 이유는 바로 우리를 닮았기 때문이다.

언캐니의 핵심이 여기에 있다. 섬뜩함의 원인인 낯섦이 근본적으로 우리 자신의 것이었기 때문이다. 정신분석은 그 이유를 억압에서 찾고 있다. 우리 안에 억압되어 있던 충동들이 의식의 표면으로 부상할 때 우리는 불안과 두려움에 휩싸인다. 영화 〈에일리언: 로물로스〉(2024)에서 인간의 가슴을 찢고 튀어나오는 에일리언은 공포 그 자체이다. 하지만 이 장면이 더욱 공포스러운 이유는 그 괴물이 지금의 우리를 있게 했으며 언제든지 무의식의 창살을 뚫고 나오기를 기다

---

[2] 프로이트, 정장진 옮김, 「두려운 낯설음」, 『창조적인 작가와 몽상』, 열린책들, 1996, 109쪽.

리는 충동의 은유이기 때문이다.

　동일한 대상 안에 낯섦과 익숙함이 공존하는 기이한 상태에 대해 프로이트는 '낯선 두려움'이라 불렀다. 언캐니에 해당하는 독일어인 '운하임리히'(unheimlich)는 '하임리히'에 부정(不定) 접두사 un이 붙은 말이다. 그런데 공교롭게도 '익숙한', '친밀한', '친숙한' 등의 의미를 가진 하임리히에는 또 다른 파생 의미로 '알 수 없는', '비밀스러운', '불가사의한', '숨어 있는', '위험한' 등이 포함되어 있다. 그래서 프로이트는 "unheimlich는 말하자면 heimlich의 일종인 셈"[3]이라고 보았다. 헤겔이 말한 대립물의 일치가 바로 언캐니이자 모호성이다. 중요한 것은 이러한 모호성이야말로 우리를 둘러싸고 있는 세계의 모습이라는 점이다. 특정한 사물이나 사건을 이른바 '정상성'의 차원으로 인식할 때 세계는 선명성을 갖는다. 하지만 이러한 선명성은 이면을 허락하지 않는다는 면에서 일종의 폭력성을 띠고 있다. 히어로나 빌런, 신과 괴물 등은 가장 선명한 의미를 지닌 존재들로 받아들여진다. 하지만 미국의 아마존 프라임에서 제작한 드라마 〈더 보이즈〉는 히어로가 어떻게 도착적 괴물이 될 수 있는지 분명하게 보여준

---

3) 위의 책, 108쪽.

다. 사랑을 모토로 한 기독교 역시 마찬가지다. 대상에 대한 절대적 사랑의 정동은 극단적인 배제의 감정을 기반으로 태어난다. 늑대인간이나 뱀파이어는 두려움의 대상이지만 동시에 인간의 한계를 넘어선다는 점에서 욕망의 대상이기도 하다. 존재와 사건을 언캐니의 관점에서 다루어야 하는 이유가 여기에 있다. 고정된 시선은 단편적 인식을 야기할 수밖에 없다. 단편적 인식을 진리로 받아들이는 것이야말로 가장 비극적인 사태이다. 그런 면에서 언캐니는 '억압된 것의 귀환', 즉 부정당한 진리의 드러남이다. 추방하고 은폐해야 했던 낯선 진리를 표면에 드러내는 것, 그리고 용기와 함께 그것을 응시하고 대화하는 것은 가려져 있던 세계의 맨얼굴을 환대하는 것이다.

I
신념은 사치일 뿐이지, 오늘 밤 그걸 깨게 될 거야

I

신념은 사치일 뿐이지,
오늘 밤 그걸 깨게 될 거야

세 가지 질문

일반적으로 히어로heros 영화는 선악의 명확한 구분 속에서 악의 징벌이라는 카타르시스를 통해 대중의 쾌감을 유도하는 루틴을 따르고 있다. 선명한 적의 창출은 히어로의 무법적 폭력성을 가리면서 동시에 악의 절멸에 대한 윤리적 응답이라는 점에서 이데올로기적이다.

하지만 동시에 히어로 영화는 답이 아닌 질문을 던지는 서사라는 점에 주목할 필요가 있다. 크리스토퍼 놀란Christopher Edward Nolan의 〈다크나이트〉(2008) 첫 장면은 기하학적 형태인 맨하튼의 고층 빌딩에 구멍을 냄으로써 결코 무너지지 않을 것 같은 선악의 절대성에 질문을 던진다. 실제로 영화는 배트맨과 조커의 교차를 통해 선과 악이 결코 절대성을 가진 개념이 아님을 우회적으로, 때로는 직설적으로 표명하고 있다. 이 때문인지 히어로 서사들 가운데서도 〈다크 나이트〉는 많은 연구자들의 관심을 받아왔다.

논의의 중심은 선악에 대한 배트맨의 이중성을 해명하거나 악의 관점에서 조커를 분석하는 것으로 모아지고 있다. 연구자들에 따르면 조커는 "모든 문제들의 원인이 되는 악당"[1]이다. 조커는 "자신이 가진 악을 다른 인물들에게 전염시킴으로써 악한 유전자evil gene를 끊임없이 생산하는 바이러스"[2]이자, "영웅과 악당, 빛과 어둠, 선과 악의 경계를 흔드는"[3] 존재이다. 결국 조커는 "악을 실현하는 것 자체에서 즐거움을 느끼는 절대 악당"[4]이자 "최고의 악이자 근원적 악을 보여"[5]준 악의 화신으로 규정되고 있다. 배트맨과 조커를 중심으로 그들이 각각 선과 악의 대변자라는 주장과 선 안에

---

1) 최영진, 「〈다크나이트〉에 나타난 수퍼 히어로 서사의 양면적 가치와 정의의 문제」, 『영미문학교육』 15(2), 한국영미문학교육학회, 2011. 12, 307쪽.

2) 김성규, 「〈다크나이트〉에 나타난 조커 공포증과 바이러스」, 『영어권문화연구』 8권(1호), 영어권문화연구소, 2015. 5, 24쪽.

3) 이나경, 「환상과 현실의 경계에서: 크리스토퍼 놀런 영화에 나타나는 주체의 모색」, 『신영어영문학』 51집, 신영어영문학회, 2012. 2, 147쪽.

4) 정하제, 「배트맨과 다크 나이트, 그리고 공화당 정부」, 『공연과리뷰』 62, 현대미학사, 2008. 9, 165쪽.

5) 김성규, 앞의 책, 26쪽.

이미 악이 내재해 있다는 논의들은 결국 누가 더 악한가라는 질문과 함께 어느 쪽에 면죄부를 줄 수 있는가의 문제로 귀결되고 있다.

히어로hero와 빌런villain의 논의는 텍스트 밖으로 좀 더 연장할 필요가 있다. 특히 오늘날 스크린을 압도하는 히어로와 빌런의 서사들이 현실의 문제와 중첩된다는 점에서 텍스트를 벗어나 현실의 문제를 직시하고 해결하려는 사유의 대상으로 전환할 필요가 있다. 이러한 관점에서 다음의 세 가지 질문들에 대답하는 방식이 가능하다.

첫째, 대타자의 관점에서 누가 실재를 가리는가? 고담은 영화 속 세트 혹은 가상의 세계가 아님은 주지의 사실이다. 좀비를 향해 "그들이 곧 우리(They are us)"(〈랜드 오브 데드〉(2005))라고 말하는 영화의 대사처럼 고담은 우리의 현실이자 자화상이다. 히어로 영화가 고정된 선악 관념을 강화한다는 공식은 〈다크나이트〉에서 다음의 질문으로 바꿀 수 있다. '누가 고담의 맨얼굴을 가리는가?' 이러한 질문은 히어로와 빌런의 사회학적 역할을 새롭게 고민하는 계기가 될 수 있다.

둘째, 누가 도착적 쾌락을 향유하는가? 이 질문은 정의와 악을 쾌락의 관점에서 묻는 것이다. 선악의 이면은 쾌락과 연관되어 있으며, 특히 이웃이라는 타자가 배제된 정의와 폭력이 이르게 되는 종착지를 다루고자 한다.

셋째, 세계는 누가 구원하는가? 이 질문은 빌런을 새롭게 사유하려는 시도이다. 빌런을 악으로 규정하고 감금하며 배제하는 것이 오늘의 방식이지만 그럼에도 세계가 크게 나아지지 않았다면, 이는 빌런에 대한 새로운 사유를 요청하는 것이기도 하다. 이에 〈다크나이트〉와 여타의 히어로 영화 속 사건들을 질문으로 전환함으로써 히어로와 빌런에 대한 또 다른 사유를 시도하고자 한다.

어느 강박증자의 고백

배트맨, 슈퍼맨, 캡틴 아메리카, 스파이더맨, 아이언맨 등 우리 귀에 너무도 익숙한 이들은 좀비와는 다른 존재처럼 보인다. 좀비가 붕괴와 몰락과 파국의 주인공이라면 히어로는 보호, 유지, 계승하는 자이다. 좀비가 인간의 어두움이라면 히어로는 그 반대이다. 푸코Paul-Michel Foucault의 저서 제목을 빌려 말한다면 히어로의 임무는 '사회를 보호해야 한다'이다. 히어로의 인기는 새삼스러운 현상이 아니다. 히어로는 동서고금을 막론하고 선망의 대상이었다. 최근 마블과 DC를 향한 실망의 목소리가 커지고 있는데, 이 소리는 이렇게 들어야 한다. '제대로 된 히어로와 빌런을 보내달라. 나를 마블과 DC의 환상 밖으로 추방하지 말라. 나는 여전히 마블과 DC의 세계관 속에 살고 싶다.' 극우 집회에 간혹 보이는 히어로 코스프레를 한 참여자들이야말로 이러한 주장의 산증인들이다.

얼마 전만 해도 마블 시네마틱 유니버스와 DC 코믹스의 히어로 영화들이 천만 관객을 넘기는 것은 더 이상 놀라운 일이 아니었다. 여기저기 신출귀몰하는 히어로는 영화뿐만 아니라 여러 파생상품으로 우리 주변을 감싸고 있었다. 오늘의 소비자들은 그 시대를 그리워하고 있는 것이다.

우리는 왜 이토록 히어로에 열광하는 것일까? 공교롭게도 히어로가 강렬하게 호명되기 시작한 것은 이른바 주체의 죽음을 선고한 포스트모던의 시대에 와서이다. 최근에 마블과 DC 코믹스의 기획을 보면 모든 영웅을 영상 속으로 호출하는 이른바 총동원령이 내려진 듯하다. 부재의 공백이 클수록 현존의 열망이 강렬해지듯, 히어로가 동시 출격하는 오늘의 시대야말로 오히려 히어로(주체)의 죽음을 증거하는 현장일 수 있다.

이러한 현상을 대타자의 관점에서 바라본다면 어떻게 대답을 할 수 있을까. 사회를 보호해야 한다는 히어로의 강박증은 스스로 대타자의 파수꾼임을 증명하는 것이 아닐까. 히어로 영화가 제공하는 수수께끼 중의 하나는 왜 그들은 그토록 초인적인 능력을 하찮은 곳에만 펼쳐놓는가이다. 박완서의 에세이집의 제목을 빌린다면 그들은 "왜 사소한 것에만 분노하는가."

> "인기 검사니 기소하는 건 별 문제 없겠지만 모두 당신(하비 덴트 검사-인용자)을 노릴 거요. 갱단뿐 아니라 정치인, 언론인, 경찰들까지. 자기들 지갑이 가벼워질 테니."

〈다크나이트〉에서 보여주듯 악의 근원은 악당이 아닌 권력이다. 영화 속 악당들은 살인과 마약 그리고 돈을 탐하지만 권력은 그들을 묵인하며 그들과 공존한다. 권력 집단에게 악은 핵심적인 구성요소이다. 명령의 힘은 위반에서 나온다. 권력이 범법자를 필요로 하는 이유도 이 때문이다. 하지만 배트맨의 목적지는 권력이 아니라 악당들, 이른바 졸개들이다. 현실을 초과하는 능력을 지닌 슈퍼맨은 그 힘으로 소매치기를 붙잡고, 추락하는 여인을 구하며, 고장 난 철로를 대신해 열차 사고를 막는다. 스파이더맨, 아이언맨, 데드풀 등도 차이는 있지만, 사회에서 벌어지는 여러 사건 사고에 개입하고 인명을 구출해 낸다. 물론 최근에는 외계인의 침공(《어벤져스》), 변종들의 반란(《엑스맨》, 《어메이징 스파이더맨》)으로 인해 인류의 구원자로 등장하기도 하지만 의미는 달라지지 않는다.

문제는 히어로가 문제의 핵심을 바라보지 않는다는 점이다. 범죄 도시의 상징이 된 고담시는 사회의 모순들을 그대로 담지擔持하고 있는 장소이다. 검찰과 경찰 그리고 법과 경제는 모두 악의 세력과 연결되어 있다. 프로타고니스트protagonist와 안타고니스트antagonist의 구별이 불가능해지고 선과 악의 경계가 소멸해 버린, 말 그대로 카오스chaos의 상태가 바로 고담시이다. 그런데 배트맨의 역할이란 바로 고담시의 현 상태, 즉 만인을 위한 만인의 투쟁, 모두가 모두에게 늑대가 되는 시간(Homo homini lupus), 서로가 서로를 사냥하는 '사냥꾼의 시대'를 보호하고 유지하는 데 있다. 첨단 슈트와 장비들을 동원한 화려한 스펙터클은 범인들을 검거하는 장면에서 윤리적 쾌락을 안겨주지만 정작 변하는 것은 없다. 배트맨이 고담시에서 청소한 것은 부패한 질서의 생태계를 교란시킨 자들이다. 즉 배트맨의 임무란 고담의 현 시스템에 문제를 일으킬 '과잉'을 막는 것이다.

배트맨은 하비 덴트 검사에게 "당신은 고담시의 희망이야. 범죄에 맞서는, 어둠 속 빛과 같은 존재! 감정에 치우쳐서 일을 그르치지 마"라고 말한다. 왜 하비 덴트 검사(대낮의 배트맨)가 고담시의 희망일까? 이 대사에 나오는 '범죄'라는 단어를 '과잉'으로 바꿔 읽어보자. 고담시는 범죄의 도시다. 매일매일 강력범죄가 발생하고 경찰들이 죽어 나가며 시민들의 희생도 끊이지 않는다. 사람들이 죽어간다고 걱정하는 배트맨에게 집사는 "고통스러워도 참아내야지요"라고 말한다. 집사의 말은 정직하다. 그는 세계의 맨얼굴을 알고 있는 자이며, 그곳에서 배트맨의 역할이 어디까지인지 인지하고 있는 자이다. 다시 말해 히어로가 어둠 속의 빛과 같은 존재인 이유는 정의의 실천이 아니라 과잉의 억압에 있기 때문이다. 따라서 정의로운 일을 하고 있다는 착각의 금지("감정에 치우쳐서 일을 그르치지 마")는 필수적이다. 이는 배트맨이 어둠에만 등장하는 이유이기도 하다. 그는 선을 집행하는 자가 아니라 악의 과잉을 막는 자이기 때문이다. 배트맨을 향한 대중들의 분노도 여기에서 기인한다. 기자회견장에서 하비 덴트 검사가 배트맨을 옹호하자("우리를 위해 범죄와 싸워왔는데…") 대중들은 "상황만 더 악화됐죠!"라고 항의한다. 배트맨을 향한 시민들의 분노는 과잉의 통제에 실패했기 때문이다. 일상화된 범죄로 인해 "더 이상 분노를 일으키지 못하고 흥미조차 끌지 못하는 타락의 과포화 상태"[6]인 고담은 자본주의 외에는 그 어떤 것도 상상이 불가능하다는 무감각화의 상태인 '자본주의 리얼리즘'의 은유이다.[7]

◆ ◆

이러한 곳에서 조커는 그들에게 두려움과 충격 그리고 섬뜩한 감각을 되돌려 주는 과잉 그 자체이다. 영화 속 히어로들의 최종 미션은 과잉을 거세하고 대타자의 순환계를 유지시키는 것이다. 결국 영화 〈배트맨〉을 비롯해 히어로들이 던지는 메시지란 "세상은 원래 그런 곳이야, 다만 더 나빠지지만 않기를 바랄뿐이지"라는 자조이다. 히어로들이 총출동하는 〈저스티스리그〉(2017)나 〈어벤져스〉 시리즈도 다르지 않다. 지구는 구했지만 달라진 것은 없다. 언제나 '아무 일도 없

---

6) 마크 피셔, 박진철 옮김, 『자본주의 리얼리즘』, 리시올, 2018, 27쪽.
7) 자본주의 리얼리즘이란 마크 피셔의 조어로, "자본주의가 유일하게 존립 가능한 정치, 경제체계일 뿐 아니라 이제는 그에 대한 일관된 대안을 상상하는 것조차 불가능하다는 널리 퍼져 있는 감각"으로 정의된다.(위의 책, 11-12쪽)

었던' 그 시간으로 돌아갈 뿐이다. 강박증자의 삶이란 "무슨 일thing이 일어나지 않도록 강박적인 주의를 기울이는 삶"[8])이기 때문이다.

그렇게 본다면 히어로 영화에서 빌런의 의미에 좀 더 주목할 필요가 있다. 왜냐하면 그들이야말로 늑대의 시간을 종식시키고 새로운 세계의 가능성을 선포하고 있기 때문이다. 〈엑스맨: 아포칼립스〉(2016)에는 최초의 돌연변이인 아포칼립스가 등장한다. 수천 년간의 잠에서 깨어난 아포칼립스는 타락한 세계에 분노해 인류를 멸망시키고 새로운 세계를 건설하고자 한다.

> *"길을 잃고 헤맸던 건 눈먼 지도자들을 따랐기 때문이다. 그들이 세운 모든 것이 쓰러질 것이니, 그들 세상의 폐허 위에 더 나은 세상을 건설하리라."*
>
> - 영화 <엑스맨: 아포칼립스> 중에서 -

예수의 말씀[9])을 연상시키는 아포칼립스의 선포는 '유토

---

8) 이현우, 『로쟈와 함께 읽는 지젝』, 자음과모음, 2012, 139쪽.
9) "만일 맹인이 맹인을 인도하면 둘이 다 구덩이에 빠지리라"(「마태복음」 15:14), "네가 이 큰 건물을 보느냐 돌 하나도 돌 위에 남지 않고 다 무너뜨려지리라"(「마가복

피아적 종말론[10])이다. 아포칼립스가 외친 종말의 윤리는 더 나은 세상의 건설에서 나온다. 하지만 진정한 파국을 통해 진정한 새로움을 맞이하려는 이 시도는 허용되지 않는다. 세계의 모든 핵무기를 발사시키는 장면은 종말론자들을 흥분시킬 만큼 스펙터클하다. 하지만 핵무기가 우주로 날아가 버리자 파국을 환대하려던 자들의 꿈 역시 백일몽에 그쳐야 했다. 영화가 보여주던 거대한 파국의 전조는 결국 '아무 일도 일어나지 않는다'의 의지에 불과하다. 2019년 북미 간 핵무기를 둘러싼 갈등에서 트럼프의 '로켓맨' 발언과 북한 당국의 '늙다리 망령' 같은 언쟁은 '너를 끝장내버리겠어' 또는 '너를 끝장낼 수 있어'의 심리처럼 보이지만, 실제로는 '아무 일도 일어나지 않기를 바라'는 기대의 반어적 표명이다. 출발부터 진보적이라 평가받던 〈엑스맨〉 시리즈도 크게 다르지 않다. 1963년 8월 마블 코믹스에서 출판된 〈엑스맨〉 시리즈는 60-70년대 마틴 루터 킹 주니어Martin Luther King Jr와 말콤 엑스

음」, 13:2), "이 성전을 헐라 내가 사흘 동안에 일으키리라"(「요한복음」 2:19).

10) 유토피아 종말론은 유대교의 묵시론과 연결되어 있다. 묵시는 문자 그대로 숨겨진 것의 드러남(unveiling)이자 '마지막 시간'(Endzeit)이 등장하는 때이다. '마지막 시간'은 시간의 끝이자 완성과 영원을 의미한다. 과거 자체가 사라지는 종말인 시간의 끝에서야 비로소 완성이 이루어진다. 그래서 유대교적 묵시주의에서 구속의 역사는 항상 에스카톤(종말론)과 관련되어 있다.(야콥 타우베스, 문순표 옮김, 『서구 종말론』, 그린비, 2018.)

Malcolm X로 대표되는 인종차별과 소수자 등의 문제를 다룬 작품으로 알려져 있다. 영화도 비판 정신을 놓치지 않고 있지만, 영화 속 세계는 조금의 미동도 없다. 마블 코믹스가 창조한 캐릭터가 9,000여 명에 이른다고 하는데, 이 중 90 퍼센트가 슈퍼히어로라고 한다.[11] 그 많은 히어로들의 임무란 각자 자신의 위치에서 대타자의 세계를 보호하는 것이다.

제욱시스와 파라시오스

로마 시대의 저술가 플리니우스Gaius Plinius Secundus는 저서를 통해 고대 그리스의 전설적인 두 화가인 제욱시스Zeuxis와 파라시오스Parrhasius의 이야기를 전하고 있다. 제욱시스는 오늘날로 비유하자면 극사실주의Hyperrealism 화가이다. 제욱시스가 포도송이를 그리면 새들이 쪼아 먹으려 날아올 정도로 대상을 매우 리얼하게 재현하는 화가로 유명세를 떨치고 있었다. 그러던 어느 날 제욱시스는 파라시오스의 명성을 듣고

---

11) 마블 코믹스의 캐릭터 수는 「다음백과」 참조.
http://100.daum.net/encyclopedia/view/47XXXXXXc037(검색일: 2024. 12. 7.)

그의 그림을 보기 위해 찾아간다. 제욱시스는 파라시오스에게 그림을 보여줄 것을 요구하다가 어느 베일을 보게 된다. 그 뒤에 그림이 있으리라 생각한 제욱시스는 베일을 걷으려던 순간 그 베일이 바로 그림임을 알게 된다. 제욱시스는 새들의 눈을 속인 자신보다 화가의 눈을 속인 파라시오스가 더 위대하다고 선언한다.

이 이야기는 가상과 실재의 관계를 보여준다. 이 전설의 주제는 누군가의 눈을 속이는 것이다. 제욱시스가 "실제 사물들의 사실성과 일치하는 허구적 사실성을 창조"[12]해 가상을 실재처럼 속이는 능력을 보여줬다면, 파라시오스의 능력은 가상을 실재처럼 여기는 것을 넘어 한 번 더 속이는 데에 있다. 즉 파라시오스는 눈앞에 보이는 것이 가상임을 가상을 통해 다시 한번 속이는 것이다. 제욱시스가 가상을 실재처럼 믿게 만드는 자라면, 파라시오스는 실재라고 믿었던 것이 실은 가상이었음을 폭로하는 자인 것이다. 파라시오스의 위대성은 바로 현실의 가상성을 폭로하고 그 너머의 욕망을 우리에게 던져주는 데 있다. 이 이중의 속임은 우리에게 빌런과 관련해 매우 중요한 시사점을 제시한다.

---

12) 백상현, 『악마의 미학』, 현실문화, 2018, 24쪽.

두 화가의 전설은 배트맨과 조커에게도 적용 가능하다. 히어로는 우리의 세계가 지킬 만한, 보존할 만한 세계라고 믿게 만드는 자이다. 그래서 눈앞에 보이는 악당의 제거에 전력을 다하며, 사람들은 그러한 히어로를 칭송하며 욕망한다.

"다들 가면 쓴 무법자를 숭배하잖아요."
"고담시 거리를 청소해주니까요."

하지만 히어로는 제욱시스처럼 실재의 세계를 가리는 자이다. 배트맨은 가면으로 자신의 맨얼굴을 가리듯 고담의 진짜 얼굴을 가리는 자이다. 파라시오스의 베일을 걷어 올리듯, 배트맨의 슈트와 가면을 걷어 올릴 수 있다면 주식과 무기상을 통해 거대한 수익을 올리고, 그 돈으로 고담시에 엄청난 영향력을 행사하며, 고담시의 모든 정보를 독점하고 있는 거대 자본가 브루스 웨인의 진짜 얼굴을 만날 수 있다. 하지만 웨인은 자신의 실재를 가린 채 가면 쓴 배트맨이 실재라고 믿어주기를 바란다. 배트맨뿐만이 아니다. 배트맨의 정체를 폭로하려는 변호사를 죽이지 않으면 병원을 폭파시키겠다는 조커의 위협에 고담의 시민들도 배트맨의 실재를 직시하기보다는 현 세계의 질서를 지키기 위해 변호사를 죽이려 한다.

하지만 조커의 분장은 실재를 드러내는 것이다. 조커의 기괴한 흉터와 분장은 배트맨의 가면과 반대로 고담의 기괴함 그 자체이다. 조커는 고담의 추악함을 덮고 있던 베일을 걷어내려는 자라는 점에서 빌런이다. 조커는 고담이 단지 범죄가 끊이지 않는 도시가 아니라 진정한 악이 무엇이며, 그 악이 어떻게 고담이라는 세계를 지배하고 있는지 우리에게 표지한다는 점에서 진정한 빌런이다. 이제는 고담시의 악당들도 조커를 두려워한다. 악당들이 원한 것은 더 많은 이익이었지 혼란이 아니었기 때문이다. 이제 조커는 두려움의 근원이 된다. 그들의 두려움은 단지 죽음에 대한 두려움을 넘어 고담을 지탱하고 있는 질서의 붕괴, 몰락, 카오스에 대한 공포로 확장된다. 고담 전체의 적이 된 조커에 맞서기 위해 공권력과 악당들은 〈어벤져스: 엔드게임〉(2019)에서 캡틴 아메리카의 구호 '어셈블assemble'에 발맞추듯 원팀one team이 된다. 조커만 없으면 예전처럼 배트맨과 적당한 긴장 관계를 유지하면서 부를 축적할 수 있기 때문이다.

영화에서 조커가 불을 붙이는 거대한 돈더미는 그야말로 고담이 욕망하는 단 하나의 근본, 즉 고담을 움직이고, 권력과 범죄자들을 한통속으로 만들며, 오늘의 거대 자본가 브루스 웨인을 탄생시킨 근원이자 동시에 배트맨이 지켜야 할 '그

것(thing)'이다.

> *"돈만 밝히는 그런 악당은 필요 없어. 격조가 있어야지.*
> *중요한 것은 메시지야."*

그런 점에서 조커를 향한 배트맨의 전쟁은 곧 자신을 위한 전쟁이기도 하다. 실제로 〈배트맨 다크 나이트 라이즈〉(2012)에서 보듯 빌런 베인의 승리는 웨인의 파산으로 이어진다.

흔히들 진정 두려운 존재는 '욕망하는 것이 없는 존재'라고 말한다. 브루스 웨인의 집사 알프레드의 말처럼 조커는 단지 재미로 혼란을 가져오는 자로, 칸트Immanuel Kant가 말한 근본악처럼 묘사되고 있다. 하지만 조커는 목적이 없는 것이 아니라 자신이 찾고자 하는 욕망이 고담에 없을 뿐이다. 고담의 외부를 욕망하는 조커에게 고담은 환멸 그 자체일 뿐이다. 전혀 다른 욕망을 지닌 조커야말로 진정 두려운 존재이다. 조커가 무엇을 욕망하는지 전혀 감을 잡을 수 없기 때문이다. 조커에게 중요한 것은 메시지, 즉 물질이 아닌 새로운 욕망이며, 그 욕망을 전파하기 위한 외로운 전도사가 바로 조커의 본질이다.

"계획은 갱이나 경찰이 세우지. 고든도 그렇고, 계획 좋아하는 사람들이잖아, 자기만의 세상을 조종하려는 사람들. 난 그들하곤 달라. 그들 계획의 허점을 몸소 실천해 보여주는 사람일 뿐이지. 드럼 몇 통, 총알 몇 개로 도시가 어떻게 됐지? 이거 알아? 계획대로만 되면 사람들은 동요 안 해. 끔찍한 계획이라도! 내가 언론에 갱단이 살해되거나 군인이 몰살된다고 떠벌려도 아무도 안 놀래. 계획의 일부라서지. 근데 하찮은 시장이 죽을 거라고 하면 다들 미쳐버리지. 무정부상태가 되거나 기존의 질서가 파괴되면 사회는 걷잡을 수 없는 혼란에 빠져. 난 혼란의 사도야. 혼란의 가장 큰 미덕이 뭔지 알아? '공평함'이지."

조커의 목표는 바로 "그들 계획의 허점을 몸소 실천해 보여주는 사람"이 되는 것, 즉 "혼란의 사도"이다. 여기서 혼란은 부정성이 아닌 부패한 고담을 다시 새롭게 창조할 수 있는 필수 요건이다. 계획을 통해 세계를 조종하려는 자들에게 혼란을 선사하는 것은 시스템의 은폐된 부정성을 드러내는 것이자 또 다른 세계에 대한 가능성을 제시하는 것이다. 혼란이 가져오는 무차별성, 즉 차이가 소멸된 폐허의 사막이야말로 모든 것을 새롭게 시작할 수 있는 출발점이다. 그런 의미에서 진정한 새로움은 낡은 것의 종식에서 출발해야 한다.

배트맨의 연인 레이첼은 배트맨에게 보낸 마지막 편지에서 "사람에 대해 신뢰를 가져"라고 말한다. 영화는 조커를 영웅으로 만들 수 없음을 고백하듯, 사람들의 선한 마음을 전면에 내세우면서 희망을 이야기한다. 하지만 이런 결말은 '가리는 자'에게 주는 면죄부가 될 수 있다. 감독이 말하는 인간에 대한 신뢰는 윤리적으로는 올바르지만, 현실적으로는 낭만적 환상에 불과하기 때문이다. 영화는 마지막까지 진실을 가리는 자로 배트맨을 내세운다.

"내가 죽였다고 해. 고담을 위해서라면 상관없어."

레이첼이 폭발로 사망하자, 화상으로 얼굴 반쪽을 잃어버린 하비 텐트는 폭주하기 시작한다. 노골적으로 선과 악을 표지하는 양분된 얼굴처럼 하비 덴트는 정의의 검사에서 법을 초과하는 복수의 화신으로 변화한다. 조커의 무리들을 사적 복수로 응징하려는 하비 덴트 앞에 배트맨이 등장해 자신의 행위로 위장한다. 검사 하비 덴트의 행동을 가리기 위해 자신을 희생하는 배트맨의 모습은 끝까지 부패의 순환계를 가리겠다는 의지에 다름 아니다.

'이웃' 없는 정의와 도착적 쾌락

대타자의 세계를 지키려는 강박증자의 중핵에는 '정의'에 대한 강력한 신념이 장착되어 있다. 배트맨이 고담을 수호하려는 의지의 원천 역시 정의의 실천이다. 정의가 재현되지 않는 고담에서 그가 스스로 정의의 사도가 되기 위해 법의 외부(자경단)를 자처한 까닭도 여기에 있다. 하지만 여기서 제기되어야 할 질문은 '그의 정의는 누구를 위한 것인가'이다. 표면상 그의 정의는 '고담'을 향해 있다. 하지만 고담이 현실의 은유라는 점에서 반드시 '고담'이라고 특정할 필요가 없다. 이 말은 배트맨의 정의는 범죄가 있는 곳이라면 그 어디든 관계없다는 '무장소성'에 가깝다.

또 다른 문제는 배트맨의 정의가 무장소성만큼이나 대상을 갖지 않는다는 점이다. 다시 말해 그의 정의는 '타자', 즉 이웃이 부재한 정의이다. 배트맨의 이웃 사랑의 부재는 접촉 강박을 통해서 확인할 수 있다. 배트맨 슈트를 입은 브루스 웨인은 철저하게 단절된 존재이다. 슈트를 입은 배트맨은 고담 시민과 악수를 하거나 포옹을 하지 않으며, 시민들 역시 그와 접촉할 생각을 하지 않는다. 그가 접촉하는 순간은 오직 폭력이 수반될 때이다. 〈다크나이트〉에서 배트맨은 마약

밀매조직에 대항하려는 가면 쓴 시민들을 저지한다.

> *시민:* 도우려는 거야!
> *배트맨:* 도움 필요 없어!
> *시민:* 과연 그럴까? 네가 그렇게 잘났어? 우리랑 뭐가 다른데?
> *배트맨:* 난 하키 보호대 안 입어!

이 장면은 마치 '어설프게 나섰다가 다칠 수 있으니 조심하라'는 이웃 사랑의 냉소적 표현처럼 보일 수 있다. 하지만 이 장면이야말로 배트맨이 이웃을 대하는 전형적인 태도이다. 그에게 이웃은 정의를 실현하는 데 도움이 되지 못하는 존재들이다. 배트맨이 집사 알프레드에게 "시민들에게 범죄와 맞서라는 내 의도가 잘못 전달됐어요"라고 말한 것은 정의의 전쟁은 나의 몫이니 너희들은 나를 믿고 지켜보라는, 이른바 대중의 수동성-'가만히 있으라'-에 대한 완곡한 표현이다. 그의 눈에 고담의 시민들은 상황에 따라 너무도 쉽게 변하는 존재들이다. 시민들은 어제까지만 해도 배트맨을 칭송했지만, 조커의 위협에 부딪히자 배트맨의 가면을 벗기려 한다. 정의의 편이라 믿었던 고든의 부하들도 레이첼과 하비 덴트를 죽이는 데 공조한다. 배트맨은 인민(시민)의 집단적 힘을 믿지 않는다. 그들은 그저 거추장스러운 이웃일 뿐이다. 배트맨이 독자적인 행동을 하는 이유도 여기에 있다. 단독자를 고수하는 것은 협동성 부족 때문이 아니라 그의 정의가 이웃을 향해 있지 않기 때문이다. 그의 정의는 철저히 대타자의 세계를 향해 있다. 그 세계는 개별 구성원에 대한 고려가 존재하지 않는다. 배트맨에게 중요한 것은 정의로운 '사회'이지 '개인'이 아니다. (영화 〈배트맨 비긴즈〉에서 고담은 아버지의 노력으로 만들어진 세계이다. 아버지가 만든 세계의 복원이 그의 최종 목표이다.) 그가 접촉을 거부하는 것도 이와 관련이 있다. 접촉강박의 대표적 사례인 예수 사건—'나를 만지지 말라'—이 인간이 감당할 수 없는 경외의 존재(타부)에 대한 경계의 요구라면, 배트맨은 이와는 정반대이다. 일반적으로 접촉강박은 금기 대상과의 접촉이 일으킬 사태에 대한 두려움에서 기인한다. 그렇다면 배트맨이 두려워하는 사태는 무엇일까? 그것은 바로 어둠의 기사가 실은 억만장자 무기상이라는 진실이다.

배트맨의 이웃 없는 정의는 역설적이게도 '살인하지 말라'는 타부taboo를 통해서도 드러난다. 실제로 배트맨은 살인하지 않는다. 그가 악당을 물리칠 때 고전적인 방법을 쓰는 이유가 여기에 있다. 배트맨은 총이 아니라 주먹으로 또는 자신의 첨단무기를 통해 상황을 돌파할 뿐이다. 마약 조직을 소탕할 때도, 그들의 돈세탁을 담당하는 중국인 사업가를 납치할 때도, 심지어 악의 화신이라 생각한 조커를 추적할 때도 살인과 동떨어진 폭력을 행사한다. 이러한 장면을 통해 관객들은 배트맨의 이웃 사랑 '살려야 한다'를 경험할 수도 있을 것이다. 혹자는 배트맨의 살인 거부 이유를 "범죄자들만큼 자신을 악하게 만들기" 때문이라는 윤리의식에서 찾기도 한다.[13] 하지만 관점을 달리해본다면 살인의 금지야말로 더없이 잔인한 결말을 예비하고 있다. 슈트를 입은 브루스 웨인은 초인적인 힘을 지니고 있다. 영화 속 그는 맨손으로 총구를 휘어버리고 자동차의 외피를 찢어버린다. 악당은 그의 주먹 한 방에 럭비공처럼 날아간다. 배트맨의 초인적인 주먹에 맞은 자들은 평생 불구로 살아야 할 수도 있고, 배트맨이 밀어서 건물 아래로 추락한 사내는 즉사하거나 반신불수가 되어 평생을 침대에서 보낼 수도 있다. 죽이지는 않으나 '죽지 못하는 더 큰 비극'을 남겨 놓는 것이다. 〈다크나이트〉에서 조커를 잡기 위해 첨단 바이크를 모는 장면을 보라. 자신의 앞을 가로막는 장애물을 폭파할 때 배트맨은 주변에

---

13) 김성규, 앞의 책, 27쪽.

있던 노숙자들을 전혀 고려하지 않는다. 누군가는 그 파편에 심각한 부상을 당했을 수도 있지만, 영화는 카메라의 각도를 바꾸지 않는다. 우리는 그저 절대로 사람을 죽이지 않는 배트맨의 기묘한 휴머니즘만 맛볼 뿐이다.

이처럼 배트맨의 정의에는 이웃 사랑이 존재하지 않는다. 검경 등 권력기관의 강령에서 볼 수 있듯이 그들은 이웃이 아닌 '국가, 질서, 정의' 등 추상적인 것을 위해 존재한다. 영화 〈변호인〉(2013)이나 〈마이너리티 리포트〉(2002)에서 보듯 추상을 향한 절대적 신념과 복종이 얼마나 무서운 괴물을 만들어 내는지 우리는 잘 알고 있다. 〈마이너리티 리포트〉는 범죄 가능성을 확신과 신념으로 영역으로 옮겨놓는다. 가능성을 신념으로 이동시켰을 때 벌어지는 과잉을 직접적으로 보여주는 것이 영화 〈변호인〉의 재판 장면이다. 해당 장면이 전하는 대사는 다음과 같다.

(공안 경찰 차동영을 증인 신문하는 변호사 송우석)
송우석: 증인! 피의자가 국보법에 해당하는지 안 하는지,
 누가 어떻게 판단합니까?
차동영: 공안 형사만 13년째입니다. 눈깔 돌리는 거만 봐도
 국보법 사건인지 아닌지 알지, 그걸 모릅니까?

송우석: 아 그래요~ 그러면 말입니다. 무하마드 알리하고 조지 포먼하구 권투 시합 하는데 내가 알리 응원했어요 이거 국보법 위반입니까 아닙니까? 증인! 증인이 우기는 국보법대로라면 김일성이가 알리 응원했다고 증인이 우기면 나 국보법상 이적행위로 잡혀들어가요? 학생과 시민 몇명이 모여서 책 읽고 토론한 게 국보법에 해당하는지 안 하는지 증인은 도대체 뭘 보고 어떻게 판단했습니까? 판단 근거가 뭡니까?

차동영: 내가 판단하는 게 아니라 국가가 판단합니다.

송우석: 국가? 증인이 말하는 국가란 대체 뭡니까?

차동영: 변호사란 사람이 국가가 뭔지 몰라?!!

송우석: 압니다! 너무 잘 알지요! 대한민국 헌법 제1조 2항! 대한민국 주권은 국민에 있고 모든 권력은 국민으로부터 나온다! 국가란 국민입니다!! 근데 증인이야말로 그 국가를 아무 법적 근거도 없이 국가 보안 문제라고 탄압하고 짓밟았잖소!! 증인이 말하는 국가란! 이 나라 정권을 강제로 찬탈한 일부 군인들! 그 사람들 아니야?! 증인, 진술을 받아내는 과정에서 가혹행위 즉 고문이 있었지요?

(중략)

차동영: 입 닥쳐, 이 빨갱이 새끼야!!

 강박증자는 대타자에게 충성을 맹세한 자이다. 공안 경찰이 '너는 반드시 국가(법)을 수호해야 한다'라는 초자아의 목소리를 진리로 받아들이는 이유도 이 때문이다. 문제는 초자아의 충성 요구가 법의 임계점을 훌쩍 넘어버릴 때이다. 흔히들 초자아(도덕적 자아)는 예의 바르고, 매사에 신중하며, 법에 충실할 것을 요청하는 성인군자라 생각하기 쉽지만 실은 전혀 그렇지 않다. "초자아는 하나의 명령"[14], 즉 법의 명령이다. '분명히 법과 관련이 있으면서도 폭군처럼 그것이 법인지 알아볼 수 없을 만큼 무분별한 법'[15]의 집행자이다. 그래서 초자아에게 법은 회전문처럼 언제든지 법의 문을 밀고 나갈 수 있는 초법적인 존재이기도 하다.

 '세월호 의인'으로 불렸던 김동수 씨는 세월호 사건 직후 거친 바닷속에 들어가 희생자들의 인양에 힘썼던 자이다. 그는 "성실한 아이콘"[16]이라는 표현처럼 대타자의 법을 성실

---

14) 자크 라캉, 맹정현 옮김, 『자크 라캉 세미나 1』, 새물결, 2016, 187쪽.
15) 위의 책, 187쪽.
16) 「'파란 바지' 의인 김동수에 대해 몰랐던 이야기」, 『오마이뉴스』, 2022. 4. 15.

히 수행하며 살아온 자이다. 고교 시절에는 육상선수로 활약했고 바닷가에서 자랐기에 수영도 잘했지만, 세월호 사건 이후 극심한 우울증과 공황장애, 수면장애, 심지어 다섯 번에 걸쳐 자해를 기도하기도 했다. 가장 먼저 드는 생각은 '왜?'이다. 그는 선한 일을, 그것도 목숨을 걸고 앞장서서 행한 자이다. 그를 '세월호 의인'이라 부르는 이유도 이 때문이다. 그럼에도 그는 매일매일 죽은 자들의 목소리 때문에 괴로워한다. 초자아의 탁월한 능력 중 하나는 '죄의식'의 선물이다. 초자아는 그의 귀에 대고 '왜 더 구하지 못했느냐? 네가 게으르고 두려웠던 게 아니냐'고 몰아붙인다. 죄책감에 자살을 시도했지만 '살렸어야 했다'라는 초자아의 질책은 끝을 모른 채 더욱 가혹해져 갔다. 초자아가 요구하는 도덕법의 극단은 죽음 충동이다. 그가 여전히 자살 충동에 시달리며 "의무의 감옥"[17] 속에서 지옥 같은 시간을 보내는 이유이다.

초자아는 법에 깊숙이 연관되어 있지만 동시에 법에 무감각하다. 이러한 무감각은 초자아가 법의 임계점을 넘어버리는 원인이다. 그런 면에서 〈변호인〉의 공안 경찰 차동영은

---

https://www.ohmynews.com/NWS_Web/View/at_pg.aspx?CNTN_CD=A0002823882(검색일: 2024. 12. 17.)

17) 드니즈 라쇼, 홍준기 옮김, 『강박증: 의무의 감옥』, 아난케, 2007, 16쪽.

영화 〈지옥의 묵시록〉(1979)판 커츠 대령이다. 커츠 대령은 완벽한 군인이었지만 군대의 권력 체계와 자신을 지나치게 동일시한 나머지 체계의 입장에서 제거되어야 할 과잉이 된다.[18] 〈변호인〉의 공안 경찰 또한 다르지 않다. 그는 최종 판단 주체로 '국가'를 호명한다. "내가 판단하는 게 아니라 국가가 판단합니다!"라는 말은 겸양이거나 자신이 국가를 대리한다는 의미가 아니다. 그에게 국가(법)는 "내 안에 거하고 나도 그의 안에 거하듯"(「요한복음」 6:56) 동일자이다.

> *"공안 형사만 13년짭니다. 눈깔 돌리는 거만 봐도 국보법 사건인지 아닌지 알지, 그걸 모릅니까?"*

공안 경찰 차동영에게 국보법 위반의 유무는 경험에서 나오는 것처럼 보인다. 하지만 그의 확신을 보증해 주는 것은 바로 자신, 즉 '국가'이다. 그는 정작 '국가란 무엇인가'라는 변호사의 질문에 답을 하지 못한다. 자신과 국가가 더 이상 구별되지 않는 동일시의 사태는 설명 불가능의 상태이다. 이는 은행 직원이 내게 '내가 나임'을 증명하라고 요구하는 사

---

18) 슬라보예 지젝, 이현우 외 옮김, 『폭력이란 무엇인가』, 난장이, 2014, 242쪽.

태이다. 신분증이 나인가? 은행 직원이 신분증을 믿는 이유는 대타자를 맹신하기 때문이다. 국가라는 대타자야말로 우리의 존재를 증거하는 최종 심급이라는 것이다. 그런가? 대타자는 내가 커피를 마실 때 옆 사람을 흘깃거리고 매일 밤 침대에서 무엇을 상상하는지 속속들이 알고 있는가? 스스로 자신을 증명해야 하는 어처구니 없는 사태를 빠져나가기 위해서는 모세의 질문에 대답하는 구약의 신을 참조할 필요가 있다. 모세는 야훼에게 질문한다. '내가 이끄는 무리에게 당신을 누구라고 말해야 합니까?' 신은 이렇게 대답한다.

"*나는 나다*(I AM WHO I AM)"
-「출애굽기」3:14 -

내가 나임을 증명하는 데 있어 '나는 나다'라는 동어 반복 이상의 진실한 답변이 존재할까? 야훼의 절대성은 법을 정립하면서 동시에 법을 파괴할 수 있는 데서 나온다. 긍정성과 부정성의 모순 없는 동일시에 대해 토마스 아퀴나스는 '법이야말로 다양한 것들이 공통적인 것으로 질서 있게 지도하는 것이며, 이 질서의 이념인 영원법은 오직 하나"[19]라고 말한다. 영원법 하에서는 인간세의 비극과 희극도 결국 신의 공의와 사랑 안에서 하나가 된다. 이 기묘한 동일시가 어떻게 근본악으로 귀결되는가를 대표하는 것이 '노아 사건'이다.

노아는 신의 계시, 이른바 '인류 몰살을 통한 새 인류 프로젝트'를 충실히 이행한 자로 알려져 있다. 신은 노아를 "의인이요 당대에 완전한 자라 그는 하나님과 동행"(『창세기』 6:9)한 자로 규정하고 있다. 그래서 노아는 대홍수 이후 "생육하고 번성하여 땅에 충만하라"(『창세기』 9:1)는 선물을 약속받았다. 하지만 노아는 대홍수 이후 만취하여 나체로 잠이 든다. 성서의 서사에는 많은 빈칸이 존재하며, 이는 노아에게도 예외가 아니다. 그렇다면 의로운 노아는 왜 가족과 유리하여 생활했으며, 무슨 이유로 벌거벗을 정도로 만취하지 않으면 안 되었던 것일까? 이러한 빈칸에 상상력을 첨가한 것이 대런 애러노프스키Darren Aronofsky 감독의 영화 〈노아〉(2014)이다. 영화 속 노아는 우리에게 두 가지 질문을 던진다. '절대적 선'에는 절대적 악이 수반되어야 하는가와 절대적 선의 실천도 죄의식을 수반하는가이다. 영화 속 노아는 신의 멸절 기획을

---

19) 토마스 아퀴나스, 이진남 옮김, 『토마스 아퀴나스 신학대전 28—법』, 바오로딸, 2022, 93쪽.

절대적 진리이자 명령으로 받아들인다. 모든 인류는 수장水葬되어야 하며 자신과 가족 역시 그 길을 따라야 한다는 노아의 신념은 곧 야훼의 신념이다. 이 동일시는 "여호와께 은혜를 입은"(「창세기」 6:8) 노아를 광기의 존재로 몰아간다. 영화에서 가장 극적인 장면은 노아가 이제 막 태어난 쌍둥이 손자를 살해하려다 포기하는 장면이다. 아브라함이 천사의 개입으로 아들 이삭의 살해를 멈췄다면, 노아는 인륜 앞에서 정지한다.

이 사건의 진실은 법을 완수하는 순간 '살인하지 말라'는 법을 위반하게 된다는 것이다. 육지에 올라온 노아가 홀로 눈물과 술로 세월을 보내는 이유도 이 때문이다. 그는 '세월호의 의인'처럼 괴로워한다. 신의 명령을 수행하기 위해 살려달라고 애원하는 무수한 자들의 손길을 외면했기 때문이다. 가장 의롭다는 자의 손에 묻어 있는 전 인류의 피가 그를 괴롭힌다. 이 장면은 영화 〈어벤져스: 엔드 게임〉(2019)에서 자신의 계획을 완수한 타노스가 허름한 집에서 외로이 늙어가는 모습을 연상시킨다. 진리가 성취되었을 때 찾아오는 회한悔恨은 죄의식에 다름 아니다.

◆◆

배트맨도 다르지 않다. 그의 정의와 사랑의 대상은 오직 대타자뿐이다. 배트맨은 대타자의 정의를 자신과 일치시킨다. 이웃에 대한 사랑이 거세된 정의가 믿음이 되고, 그 믿음이 폭주하여 신념이 되었을 때, 그리고 결국에는 그 신념이 부동不動의 물신物神이 되었을 때 최종적으로 그를 기다리는 것은 괴물이 되어버린 도착적倒錯的 쾌락이다. 브루스 웨인은 배트맨 슈트라는 물신을 통해 정의의 기사라는 환상으로 진입한다. 웨인은 슈트를 입는 순간 고담의 자본가에서 고담을 지키는 정의의 사도라는 환상의 쾌락으로 들어간다. 이러한 도착의 희극적 형태가 후쿠다 유이치福田雄一의 영화 〈변태가면〉(2013)이다. 여기서 물신은 여성의 속옷이다. 쿄스케는 여성의 속옷을 얼굴에 쓰는 순간 정의의 기사가 되는 환상의 구조로 들어간다. 도착의 구조에서 물신은 현실의 질서를 붕괴시키고 새로운 질서(환상)로 안내하는 마법의 지팡이와 같다. 배트맨과 쿄스케가 복장에 집착하는 이유이다.

배트맨의 도착증은 이미 자경단이라는 그의 정체성에 내재해 있다. 배트맨은 법의 공백을 메우는 자이지만 법 외부의 존재이다. 그는 법을 초과하는 방식으로 정의를 실현하는 모순적 존재이다. 이러한 모순성으로 인해 그는 언제든지 법의 공백을 확대시키는 자로 전환될 수 있다. 그런 점에서 집사 알프레드의 "선을 넘지 마세요"라는 말은 의미심장하다. 하지만 웨인은 "배트맨에게는 넘지 못할 선이 없어요"라고 응수한다. 배트맨의 도착은 부화를 기다리는 알과 같다. 이를 보여주는 단적인 사례는 배트맨이 고담의 3천만 시민을 도청하고 투시할 수 있는 고주파 수신기를 완성한 사건이다.

> *배트맨: 아름답지요?*
> *폭스:　 아름답고 비윤리적이고 위험하죠. 고담의 모든 휴대폰을 도청장치로 삼았군요.*
> *배트맨: 고주파 수신기예요.*
> *폭스:　 내 초음파 아이디어를 휴대폰에 응용해 소리를 이용한 투시가 가능해졌군요. 이건 잘못한 일이에요.*
> *배트맨: 놈을 잡아야 돼요.*
> *폭스:　 어떤 희생도 치르겠다?*
> *배트맨: 암호화되어 있어서 한 사람만이 접속할 수 있어요.*
> *폭스:　 너무 큰 힘이에요. (중략) 3천만 시민 감청은 내 직무가 아닙니다. (중략) 이번 일이 끝나면 사직하겠습니다. 이 기계가 존재하는 한 회사를 떠나겠어요.*

고주파 수신기를 완성한 배트맨의 첫마디는 "아름답지요?"이다. 조커를 잡겠다는, 이른바 정의를 향한 맹목성은 불법의 최대치인 고주파 수신기로 귀결되며 거기서 쾌락을 발견한다. 웨인 그룹의 CEO인 폭스는 이 사태에 대해 "너무 큰 힘"이라고 두려워한다. 하지만 "너무 큰 힘"이기에, 즉 "비윤리적이고 위험"하기에 쾌락은 더욱 강렬해진다. 이 불법적인 쾌락("아름답지요?")을 정당화시키는 것은 "놈을 잡아야 해"라는 신념 하나다. 자신의 절대적인 정의를 가로막는 모든 장애물을 용납하지 않겠다는 신념은 이미 정의를 넘어선 광기이다. 집사 알프레드의 말("주인님이 먼저 선을 넘었지요.")과 고주파 수신기를 본 폭스의 경고("이건 잘못이에요. 이번 일을 마치면 난 사직하겠소.")는 배트맨의 정의가 임계점을 넘어버렸음을 말해준다. 이는 "이성은 비합리성에 기댈 때만 비이성에 맞설 수 있"[20]음을 보여주는 것이자 "자신의 한계를 벗어난 것이 곧 광기"임을 말해준다. 웨인은 스스로 "배트맨이 못 넘을 선은 없어요"라고 말한 바 있다. 한번 넘어버린 선은 조커의 말처럼 극단을 향해 나아간다.

---

20) 테리 이글턴, 서정은 옮김, 『성스러운 테러』, 생각의나무, 2007, 25쪽.

"광기는 가속도랑 똑같아. 한번 가속도가 붙으면 점점 더 빨라지거든"

이처럼 "정의에는 복수만큼이나 비이성적인 것이 있다. 거기에는 뭔가 극단적인 면이 있어서 매우 자주 타협을 모르는 완고함으로 치닫곤 하기 때문이다."[21]

배트맨의 도착은 폭력 중독을 통해서도 볼 수 있다. 자경단이자 고담의 기사로서 배트맨이 박수를 받는 이유는 범죄와 악에 맞선 폭력 때문이다. 폭력을 폭력으로 교환하는 이 방식으로 인해 배트맨은 법 외부의 존재임에도 숭배의 대상이 된다. 문제는 배트맨이 폭력에 중독되어 있다는 점이다. 중독은 그곳에 쾌락이 존재함을 의미한다. 테리 이글턴Terry Eagleton의 지적처럼 알코올 중독자들이 술을 마시는 이유는 죽기 위해서가 아니라 술로 인한 고통만이 그들에게 살아있음을 느끼게 해주기 때문이다. 배트맨이 폭력에 중독된 이유 역시 폭력만이 자신의 정체성을 확인해 주기 때문이다. 술이 생명을 좀먹고 있다는 것을 알면서도 혀의 쾌락을 위해 기꺼이 육신을 내주듯, 배트맨도 자신의 폭력성이 고담의 폭력성

---

21) 위의 책, 44쪽.

을 키우고 있는 것을 알면서도 '정의의 기사'라는 쾌락을 위해 폭력을 놓지 못한다. "술고래가 술을 끊으면 뒤따를 정신적 고통과 정신이 맑을 때 파생될 결과가 두려워 늘 술에 절어 있듯 악한 자들도 그러하다. 이런 자들은 부단히 죄를 저지를 때만 자신일 수 있다."[22]라는 키르케고르Søren Kierkegaard의 말을 배트맨에게 옮겨도 크게 틀리지 않다. 배트맨 역시 폭력의 정지가 가져올 결과가 두려워 늘 폭력과 함께한다. 그는 정의를 위한 폭력을 행사할 때만 배트맨일 수 있다고 믿는다. 알코올 중독자가 무한대의 술을 마셔도 만족하지 못하는 것처럼 배트맨이 무한의 폭력을 휘두르면서도 만족에 이르지 못하는 것도 이 때문이다.

◆ ◆

이러한 도착적 쾌락은 두 가지를 보여준다. 하나는 정의와 범죄가 매우 친연성親緣性이 높다는 것이다. 밀턴John Milton의 『실낙원』에서 "악이여, 그대 나의 선이어라!"라는 표현은 정의와 불의가 실은 서로의 자화상임을 말해준다. 아우구스

---

22) 테리 이글턴, 오수원 옮김, 『악』, 이매진, 2015, 140쪽

티누스Augustinus Hipponensis도 『고백록』에서 "어느 날 밤 저는 못된 친구들과 어울려 나무를 마구 흔들어 배를 땄습니다. (중략) 제가 즐기려고 했던 것은 훔친 물건이 아니라 도둑질 그 자체였습니다. 저는 훔친 물건보다 더 좋은 물건도 많이 가지고 있었지만 도둑질을 하고 싶다는 마음을 충족시키기 위해 이것을 즐겁게 실행했습니다."[23]라고 고백한 바 있는데, 이는 배트맨의 말로 이렇게 바꿀 수 있다. "내가 즐기려고 했던 것은 범인을 잡는 것이 아니라 폭력 그 자체였습니다. 폭력을 행사하고 싶다는 마음을 충족시키기 위해 어둠의 기사 역할을 즐겁게 실행했습니다". 실제로 브루스 웨인이 범죄 현장으로 출동하는 장면은 집에서 하릴없이 뒹굴거리던 아이가 친구의 목소리를 듣고 밖으로 뛰어나갈 때의 상기된 표정을 연상시킨다. 출동하는 웨인의 모습은 긴장감이 있지만 분명 거기에는 놀러 나가는 아이의 들뜬 상태, 즉 흥분과 긴장 사이를 교차하는 기쁨(쾌락)이 있다. 변호사 리스를 구하기 위해 출동하는 그 긴박한 상황에서도 웨인은 배트포드가 필요하냐는 알프레드에게 '람보르기니'라고 답한다. 배트맨 슈트와 슈퍼카를 선택하는 웨인의 대답 속에는 뭔가 흥분되

---

23) 아우구스티누스, 정은주 옮김, 『고백록』, 풀빛, 2006, 31쪽

고 확실히 들떠 있는 감정이 포함되어 있다. 아우구스티누스 Augustinus Hipponensis가 자신의 사악함을 "파괴적 기쁨과 비참한 행복"이라고 했는데, 이 말은 배트맨의 폭력에도 그대로 적용할 수 있다. 폭력을 통해 파괴적 기쁨을 누리지만 범죄가 사라지지 않는 비참한 행복의 지속을 바라는 것이야말로 도착적 쾌락의 진짜 얼굴이다. "카오스를 정복하려는 힘이 사실은 카오스와 비밀스러운 사랑에 빠져"[24] 있듯이, 혼란의 사도 조커를 잡기 위해 배트맨은 기쁘게 광인의 길로 들어선다.

이러한 도착적 모습은 배트맨이 살인을 하지 않는 근본적 이유를 설명해준다. 주지한 바처럼 배트맨의 '살인하지 말라'라는 금기는 기묘한 휴머니티이다. 배트맨의 살인 금기는 죽음 대신 '죽지 못하는' 고통을 나눠준다는 점에서 이라크 포로를 고문하면서 즐겁게 셀카를 찍는 미군과 다르지 않다. 미군 역시 정의를 위해 고문을 할 뿐 (원칙상) 죽이지는 않는다. 대신 그 수고의 보상으로 기쁨이 있을 뿐이다. 고통과 쾌락의 교환이야말로 도착의 기본 공식 아닌가?

우리가 신의 사랑을 감당하지 못하는 것은 그 한계를 모르기 때문이다. 신은 끊임없이 우리를 사랑한다고 하지만 끊

---

24) 테리 이글턴, 『성스러운 테러』, 30쪽.

임없이 인간을 학살한다. 신은 자신의 방식을 따르지 않았다는 이유로, 또는 황금송아지를 만들었다는 이유 등으로 아이와 여자를 포함해 셀 수 없을 정도의 인간을 죽인다. 그러나 신은 후회를 거듭하면서도 인간 멸절을 선택하지는 않는다. 최초의 살인자라는 카인을 보호했으며, 대홍수 속에서도 몇몇은 남겨두었다. 욥에게 감당할 수 없는 육체적 고통을 허락했지만 죽이지는 않았다. 고통에 몸부림치는 욥을 지켜보며 흐뭇한 미소를 짓는 신을 도착적이라고 말할 수 있다면, 우리는 '살인하지 말라'는 계율을 지키고 있는 배트맨 역시도 도착적이라고 할 수 있다. 신이 인간을 살려두는 이유는 쾌락의 지속 때문이다. 이는 악의 불멸성과도 통하는 것인데, 죽지 않는 악과 마주하는 상황이야말로 쾌락의 영속을 약속하기 때문이다. 배트맨이 악당을 죽이지 않는 이유도 다르지 않다. 빌런의 소멸. 고담에서 모든 악이 소멸하는 순간이야말로 배트맨이 소멸하는 시간이다. 배트맨은 그날을 위해 싸우고 있지만 정작 그러한 날의 도래는 망상에 불과하다. 배트맨은 대타자의 세계를 위해 싸우는 것이지 유토피아를 꿈꾸고 있는 것은 아니기 때문이다. 배트맨의 진짜 망상은 셰익스피어의 극중 인물인 크레시다의 대사, "이미 획득한 것은 그 생명을 다한 것이다. 즐거움은 그것을 추구하는 과정 속에 존재"25)한다는 말 속에서 찾을 수 있다. 도착적 쾌락에 빠진 자에게 최종 해결의 시간은 중요하지 않다. 진정 그가 바라는 것은 쾌락을 추구하는 '과정' 그 자체이다. 따라서 배트맨은 악당을 죽일 수 없다. 아니 죽여서는 안 된다. 〈다크 나이트〉의 결말에서 조커는 죽지 않으며 배트맨은 사라진다. 이러한 페이드 아웃은 다음의 쾌락을 위한 약속이다. 사디즘을 탄생시킨 사드 후작Donatien Alphonse François de Sade의 작품에는 기이한 방식으로 쾌락을 탐닉하는 자들이 넘쳐난다. 그들은 "온갖 잔혹한 사디즘적 고문과 학대에도 불구하고 다음 날이면 모두들 상처 하나 없이 멀쩡한 모습으로 다시 나타나 쾌락의 향연을 지속한다."26) '죽지 않는 빌런'이야말로 도착적 쾌락을 운동시키는 영원한 동력이다. '죽지 않는 환상' 때문에 영원히 괴롭히고자 한 사드의 환상이 가능했듯이. 배트맨은 '죽이지 않는 폭력'(살인하지 말라)을 통해 이 환상을 실현한다.

이렇게 본다면 배트맨에게 "내 몸과 같이 사랑"할 유일한 이웃은 적(빌런)이다. 배트맨이 '살인하지 말라'라는 계명을 가장 적극적으로 실천하고 있는 대상도 '적'이며, 누구보

---

25) 위의 책, 145쪽.
26) 백상현, 『라깡의 인간학』, 위고, 2018, 283쪽.

다도 관대하고 친절하게 대하는 대상도 적이다. 빌런이야말로 선한 사마리아인의 사례에 나오는 곤란에 처한 이웃이다. 악의 유혹에 빠져 허우적거리는 인생 앞에 배트맨은 선한 사마리아인처럼 다가가 그들에게 죽음이 아닌 갱생의 기회를 주고 있다. 그리고 폭력을 동반해 "그것을 추구하는 과정 속에서" 배트맨은 즐거움을 얻는다. 이처럼 적들이 배트맨에게 쾌락을 약속하는 '좋은 이웃'이라면, 고담의 평범한 시민들은 이웃이 아니라 지옥이다. 그저 그런 방식으로 사는 일상인들이란 하품이 나올 정도 지루한 존재들이다. "토마스 만Thomas Mann의 『파우스트 박사』에서 악마는 중산층의 평범함을 신학적으로 아무 자리도 차지하지 못하는 자들이라며 비아냥거리며, 절망이야말로 구원으로 가는 진정한 길이라고 말한다. 신의 흥미를 끄는 존재는 성인과 죄인이지 점잖은 교회 거주민처럼 따분한 자들이 아니다. 극단은 서로 통하는 법이다."[27] 이처럼 안정적인 일상의 지루함은 배트맨에게 아무런 감흥을 불어넣지 못한다. 배트맨이 가장 힘들어하는 시간은 아무 일도 일어나지 않는, 모든 희로애락이 정지된 것만 같은 평평한 시간이다. 실제로 아무런 사건이 없는 동안

---

27) 테리 이글턴, 『악』, 88쪽.

의 브루스 웨인은 무기력 그 자체이다. 임원 회의나 상대 기업과 계약을 체결할 때의 웨인을 보라. 흐트러진 자세로 의자에 의지해 잠을 자고 있을 뿐이다. 게다가 집에서 혼자 지내는 그의 모습은 마치 모든 쾌락이 소멸된 우울증자처럼 보인다. 신이 죄인을 특별히 더 사랑하는 이유도 여기에 있다. 죄인들만이 견딜 수 없는 지루함에 빠져있는 신에게 구원의 손길을 내밀기 때문이다. 악인과 죄인은 히어로와 신을 살아 숨 쉬게 한다.

빌런의 질문과 윤리성

그렇다면 조커를 어떻게 바라봐야 할까. 배트맨을 도착의 늪에 빠트린 절대악으로 봐야만 하는 것일까. 여기서 주목할 점은 도착의 원인자로서의 조커가 아니라 도착에 이르게 하는 조커의 방식이다. 즉 조커의 어떤 방식이 배트맨을 더욱 정의正義라는 추상적 관념에 집착하게 만들고 극단에 이르게 하는지에 주목할 필요가 있다.

배트맨: 하비 어딨어?

조커: 네놈의 정의감 누가 알아줘?

배트맨: 내 신념은 단 하나다.

조커: 그 신념을 깨면 원하는 답을 주지.

배트맨: 답?

조커: 신념은 사치일 뿐이지. 오늘 밤 그걸 깨게 될 거야.

조커의 게임은 배트맨에게 윤리 시험처럼 다가온다. 조커가 제시하는 상황들은 마치 게임을 하듯 배트맨에게 자신이 신봉하는 신념을 두고 내기할 것을 요구한다. ("그 신념을 깨면 원하는 답을 주지.") 배트맨이 신념을 고수할수록 정의는 점점 멀어져가고, 죄책감("나 때문에 사람들이 죽었어요")은 강도強度를 더해 간다. 죄책감으로 괴로워하는 배트맨을 바라보며 미소 짓는 조커는 "실현 불가능한 요구를 우리에게 퍼붓고 그걸 해내지 못하는 우리를 지켜보면서 즐기는, 잔인하고 가학적인 윤리적 작인作人"[28]인 초자아super-ego를 닮았다. 초자아는 법, 규범, 질서 등을 통해 우리를 건강한(?) 사회적 주체로 안착시키는 역할을 담당한다. 그래서 정신건강의학자들은 "웨

---

28) 슬라보예 지젝, 박정수 옮김, 『HOW TO READ 라캉』, 웅진지식하우스, 2015, 123쪽.

인에게 배트맨이라는 또 다른 정체성은 상실된 아버지를 보상하여 그를 더욱 도덕적으로 만드는 강력한 초자아의 역할을 한다"29)고 주장한다. 하지만 여기에는 초자아의 또 다른 얼굴, 이른바 외설적이며 무자비한 얼굴이 생략되어 있다.

초자아의 목적이 죄책감의 유발이며, 이를 향한 초자아의 요구에는 한계가 없다는 점을 다시 기억할 필요가 있다. 한계 없는 초자아의 요구는 대타자의 심복인 강박증자들을 죄책감의 포로로 만든다.

> *조커:* *"어떡할지 궁금했는데 실망 안 시키더군. 5명이나 죽게 놔뒀어. 그리곤 하비한테 짐을 지웠지. 좀 심했다고 봐."*

초자아는 더욱 어려운 숙제를 계속 요구한다. 우리가 초자아의 요구를 거부하더라도(배트맨: "증오의 대상으로 살 수는 없어요. 이게 내 한계예요.") 초자아의 선물인 죄책감은 여전히 문앞에 쌓여만 간다. ("모든 게 내 탓이야") 배트맨은 레이첼의 죽음과 하비 덴트의 돌변을 자신의 책임으로 돌리고 있다. 강

---

29) 정재윤, 이강준, 김현, 이준석, 「배트맨, 외상 그리고 자기: 외상에 의해 야기된 나르시시즘의 문제」, 『정신분석』 31 (2), 한국정신분석학회, 2020, 27쪽.

박충자들은 초자아의 불가능한 요구를 수행하기 위해 더욱 분발하지 않으면 안 되는데, 그들이 도착적 쾌락에 발을 들이는 이유도 여기서 비롯된다. "초자아의 공격성은 도덕명령의 형식으로 개인의 쾌락을 강하게 억압"[30]하지만 강력한 억압이 오히려 또 다른 쾌락에 눈 뜨는 계기가 된다. 이는 의무가 쾌락으로 전이되는 방식이다. 즉 "당신은 내 명령에 복종해야 할 뿐만 아니라 의무를 다해야 한다. 당신은 이를 즐겁게 수행해야 하고, 그 일을 하는 것을 즐겨야 한다."[31]는 것이다. 수십만 명이 아사했다는 북한의 대기근 시기, 건물 곳곳에 붙어 있던 '가는 길 험난해도 웃으며 가자'라는 표어는 의무가 쾌락으로 전유되는 대표적인 사례이다. 김정일은 이 표어를 보고 "아주 좋은 구호입니다. 정말 좋소. 우리 로동계급의 혁명적 랑만과 락관주의가 반영된 훌륭한 구호입니다."라며 유쾌하게 웃었다고 한다.[32]

마찬가지로 배트맨 역시 조커의 불가능한 요구를 수행하기 위해 폭력과 도청 등 법을 초과하는 행위를 하고 있지만, 그 과

---

30) 백상현, 『라깡의 인간학』, 253쪽.
31) 슬라보예 지젝, 김재영 옮김, 『무너지기 쉬운 절대성』, 인간사랑, 2004, 197쪽.
32) 정병호, 『고난과 웃음의 나라』, 창비, 2020, 234쪽.

정에서 정의를 실현하고 있다는 희열을 경험한다. 조커의 외설적 요구는 배트맨을 더욱 깊숙한 도착의 늪으로 이끈다.

◆ ◆

하지만 여전히 강조되어야 할 지점은 배트맨이 강박증자라는 점이다. 따라서 그의 도착적 쾌락은 주이상스Jouissance와는 결이 다르다.

> *"강박증자는 대타자의 욕망이 초과하는 것을 보려 하지 않을 뿐만 아니라, 이를 통해 자신의 존재가 주이상스 속으로 휩쓸려 가는 것에 불안과 공포를 느낀다. 따라서 강박증자는 질서와 사유, 핑계와 변명 등을 동원하여 큰 사물이 마치 존재하지 않는 것처럼 배제하려는 특성을 보인다."*[33]

웨인이 레이첼에게 보였던 태도는 정신분석이 주장하는 '회피'와 '부인否認'의 전형적인 모습이다. 레이첼은 죽기 전 웨인에게 편지를 남긴다. 웨인을 사랑할 수 없으며 하비 덴트

---

33) 백상현, 『라캉의 인간학』, 55-56쪽.

와 결혼하겠다는 내용이다. 하지만 집사 알프레드는 웨인에게 편지를 전하지 않는다. 편지를 보지 못한 웨인은 레이첼의 사망 후 알프레드에게 이렇게 말한다. "레이첼은 나와 결혼하려 했어요. 하비는 몰라요. 영원히 모르겠죠." 이 장면은 강박증자가 주이상스를 대하는 전형적인 모습으로 바꿔 읽을 수 있다. 웨인은 레이첼을 누구보다 사랑하지만 소유하려 하지 않는다. 영화는 대의를 위해 개인적 사랑을 잠시 접어두는 것으로 묘사하고 있지만, 실상은 여러 가지 핑계를 대면서 주이상스와의 대면을 지연시키고 부인하려는 전형적인 강박증자의 태도이다. 강박증자들은 실재의 출현이 두려워 대체물들을 통해 애써 무시하거나 위장된 승화를 통해 쾌락을 중화시킨다. 강박증자들은 이처럼 쾌락을 지연시키거나 연기하는 방식으로 살아간다. 이러한 과정 역시 일종의 도착인데, 억압(고통)을 통해 대타자의 품속에 안주할 수 있다는 은밀한 행복을 즐기고 있는 것이다. 그런데 이 은밀한 쾌락을 유지하기 위해서는 오인(부인)이 필수이다. 사랑의 오인이란 다시 말해 쾌락의 지점을 오인하는 것이다. 배트맨이 레이첼의 사랑을 오인하는 것처럼 자신의 도착적 쾌락을 정의를 위한 고통과 희생으로 오인하고 있다. 그렇게 해야 현재의 쾌락을 감당하고 유지할 수 있기 때문이다. 따라서 주이상스의 관점에서 볼 때 강박증자 웨인의 대사는 이렇게 바꿔야 한다. "주이상스요? 저는 몰라요, 영원히 모르겠죠."

◆ ◆

조커의 존재는 배트맨에게는 가혹하지만 고담시 전체로 볼 때는 축복이다. 조커의 행위는 영웅의 가면을 벗기고 웃음 짓는 잔인한 모습도 지니고 있지만, 한편으로는 새로운 세계를 향한 근본적인 질문을 던지고 있기 때문이다. 이를 논의하기 위해 〈다크나이트〉에서 조커가 배트맨과 벌이는 게임을 크게 6가지로 유형화한 임대희의 연구를 먼저 살펴보자.[34]

게임1: 조커는 배트맨이 자신의 정체를 밝히지 않으면 사람들을 죽일 거라고 협박한다. 배트맨의 선택은?

게임2: 조커가 레이첼과 하비 덴트를 납치해 폭탄을 설치한 후 배트맨에게 선택할 것을 요구한다. 같은 시각에 폭발하는 폭탄, 배트맨은 레이첼과 하비 덴트 중 누구를 구할 것인가?

게임3: 조커는 배트맨의 정체를 폭로하려는 리스 변호사

---

34) 임대희, 「영화 다크나이트(2008)에 나타난 해체적 선악의 아포리아 스토리텔링 복합 연구」, 『한국과학예술융합학회』 37 (3), 한국전시산업융합연구원, 2019. 6., 377-390쪽.

를 죽이지 않으면 병원을 폭발시키겠다고 협박한다. 배트맨은 이 위기를 어떻게 극복할 것인가?

게임4: 조커가 일반인에게 광대 가면을 씌우고 경찰로 하여금 죽이게끔 유도한다. 배트맨은 어떻게 해결할 것인가?

게임5: 조커는 죄수와 일반인이 탄 배에 각각 폭탄 설치 후 먼저 기폭 장치를 누르게끔 유도한다. 배트맨은 무엇을 할 수 있을까?

게임6: 돌변한 하비 덴트는 납치범의 생사를 동전 던지기로 결정하려 한다. 배트맨의 해법은?

임대희에 따르면, 조커와 배트맨은 게임을 벌이고 있으며, 결국 "선악은 본질이 아닌 선택"의 문제이며, "결국 배트맨은, 정의롭고 선한 검사인 하비 덴트를 죽인 악으로 규정됨을 스스로 선택함으로써 선악의 균형과 질서를 유지"[35]시키는 것으로 결론짓고 있다. 이러한 논의는 "배트맨은 세상을 구했고, 상처 하나 없이 일상생활을 즐기며, 그의 자리는

---

35) 위의 글, 387쪽.

다른 사람으로 대체되면서 시스템이 유지된다"[36])는 주장과 다를 바 없다. 다시 말해 '아무 일도 일어나지 않는다'이다.

하지만 조커의 게임을 선악을 둘러싼 규정이 아닌 '질문'으로 바꾸면 어떨까? 즉 조커는 배트맨과 잔인한 게임을 즐기고 있는 것이 아니라 오히려 배트맨을 비롯한 사회 전체에 질문을 던지고 있는 것으로 해석하는 것이다. 실제로 조커의 게임은 모두 질문으로 변형 가능하다.

게임1: '너는 타인을 위해 희생할 수 있는가?'
게임2: '너는 개인적 사랑과 사회적 대의 중 무엇을 택하겠는가?'
게임3: '개인 대 다수 중 누구를 선택하겠는가?'

위의 세 가지의 질문은 다시 하나의 질문으로 요약되는데, 즉 공리주의적 관점의 정의이다. 조커는 이 질문을 통해 과연 다수의 행복을 위해 수반되는 소수의 희생이 윤리적인 것이며, 그렇게 했을 때 과연 다수의 행복이 보장되는가에 대해 반문하고 있다. 이것이 반문인 이유는 공리주의적 실천

---

36) 슬라보예 지젝, 박준형 옮김, 『자본주의에 희망은 있는가』, 문학사상, 2017, 309쪽.

이 실제로는 다수의 행복이 아닌 모두가 모두에게 늑대가 될 것을 요구하고 있기 때문이다. 대중들은 자신들의 보존을 위해 서로가 서로를 죽이려 했으며, 그 어떤 것을 선택하더라도 언제나 비극이 기다리고 있었기 때문이다. 따라서 조커의 질문은 다시 이렇게 바꿀 수 있다.

'공리주의를 넘어 모두를 살릴 수 있는 방법은 없는가?'

게임4에서 6까지는 '어떻게 하면 모두가 정의의 주체가 될 수 있는가?'의 질문으로 모아진다.

게임4: '선악은 현상으로 구별 가능한가?'
게임5: '죄수와 일반인은 구별 가능한가?'
게임6: '운명의 주인은 누구인가?'

위 질문은 다시 두 가지, 즉 '선악은 과연 구별 가능한 것인가?'와 '이 모든 것은 누가 결정하는가?'로 집약할 수 있다. 하지만 두 질문에 대한 일반적인 접근으로는 악순환의 반복을 멈출 수 없다. 선인과 악인에게 가면을 씌웠을 때 우리는 선악을 구분할 수 있을까? 양의 탈을 쓴 늑대를 구별할 수 있는가? 여기서 더 큰 문제는 구별 불가능성을 넘어 오인의 차원으로 넘어가는 것이다. 영화 속 조커는 일반인에게 가면을 씌움으로써 그들을 악인으로 오인케 한다. 그렇다면 죄수와 일반인은 어떨까? 조커는 일반인과 죄수를 실은 두 척의 배에 폭탄과 기폭 리모컨을 설치한다. 폭발 버튼을 먼저 누르는 쪽이 살아남는다. 죄수의 딜레마라 불리는 이 상황은 죄수와 일반인 모두를 동일자로 만들어 버린다. 죄수의 배에서 버튼을 누르면 그들은 죄에 죄를 더할 뿐이다. 하지만 일반인은 죄 없음에서 생존의 정당성을 찾는다. 문제는 그들이 기폭제 버튼을 누르는 순간 모두 살인자가 되는 역설에 빠진다는 것이다. 이러한 결론이 필연적이라면 결국 우리의 운명이란 앞뒷면이 똑같은 동전을 던져서 나오는 결과와 다를 바가 없다. 다시 말해 우리의 운명은 우리의 의지와 무관한 것이다. 무엇을 선택해도 주어진 답을 피해 갈 수 없다면 그 운명이란 결국 숙명일 뿐이다. 하비 덴트의 동전 던지기는 그 결과가 무엇이든 운명은 우리의 손을 떠났다는 증표이며, 결국 빌렘 플루서Vilem Flusser의 말처럼 우리는 '프로그래밍하는 자'가 만들어 놓은 세계 속에 던져진 '프로그래밍 당한 자'라는 결론에 이를 뿐이다.

하지만 조커의 질문은 다른 방식으로 접근할 필요가 있

다. 즉 조커의 질문을 보다 급진적인 방식으로 재질문할 수 있다면 우리는 지금의 비극적인 상황을 희망적인 사태로 전환시킬 수 있다. 왜냐하면 조커의 질문은 주체성이 한낱 환상이었음을 일깨워 줌과 동시에 다시금 주체성을 회복할 수 있는 방안을 제시하고 있기 때문이다. 게임5가 보여주는 죄수의 딜레마는 진정 이 사회에 필요한 것이 무엇인지를 말해주고 있다. 죄 없다던 그들이 기폭제 버튼을 누르는 순간 모두 죄인이 되는 악순환에 빠진다. 하지만 양쪽 모두 기폭제의 버튼을 누르지 않음으로써 공생의 교훈에 이른다. 이는 사회의 구원이 '히어로'라는 특정 개인(엘리트주의)이 아니라 '우리(people)'의 선택과 판단 그리고 결정에 의해 가능함을 보여준다. 고담은 늘 해결의 주체로 영웅을 기다려왔다. 마치 여호와와 황금송아지 사이에서 방황하는 이스라엘 백성 같았던 고담의 시민들은 모세라는 선지자 없이도 스스로 구원의 주체가 될 수 있음을 조커의 질문이 보여준다.

이처럼 조커의 문제성은 혼란이 아니라 질문에 있다. 조커는 질문하는 자이다. 그리고 그의 질문은 세계의 구원이 도착적 영웅이 아닌 다른 곳에 있을 수 있다는 비유이다. 조커의 폭력은 악의 잔인함을 드러내는 증표가 아니라 은폐되어 있던 진정한 폭력을 드러내는 사건이자 바디우Alain Badiou

가 말했던 '세계 없음'의 상태를 다시 '있음'의 상태로 전환할 수 있는 가능성이다.[37] 이것이 좀비의 폭력과 다른 점이다. 좀비의 폭력이 세계의 정지를 가져오는 '신적 폭력'[38]이라면, 조커의 폭력은 다시 새롭게 사회를 구성해 내기 위한 유토피아적 폭력이다.

◆ ◆

영화의 마지막은 배트맨이 하비 덴트의 죄를 대신함으로써 법의 위반자를 다시 법의 수호자로 세우면서 마무리된다. 배트맨의 희생을 통해 세계의 질서가 유지된다는 메시지이다. 희생양은 원래 희생의 과정을 통해서 숭고의 대상으로 전환됨을 말하는데, "희생하다sacrifice가 문자 그대로 신성하

---

37) "세계없음(worldless). 우리가 예전에는 지향하고자 하는 바가 있는 '세계(world)'에 살고 있었는데, 유토피아적 전망 자체가 사라져버린 이곳은 세계가 아니라 단순한 장소(place)에 불과하다는 바디우의 독특한 조어"이다.(슬라보예 지젝, 『폭력이란 무엇인가』, 122쪽.)

38) 발터 벤야민에게 폭력은 신화적 폭력과 신적 폭력으로 나뉜다. 신화적 폭력이 공권력처럼 기존의 법을 강화하고 체계화하는 폭력이라면, 신적 폭력은 현재의 법을 정지시키고 몰락시킴으로써 새로운 체계를 생성해내는 폭력이다. 벤야민은 신적 폭력에 대해 유혈을 유발하는 행위 외에도 피 흘림 없는 폭력(구원, 정화)으로 정의하고 있다.(발터 벤야민, 최성민 옮김, 『발터 벤야민 선집 5』, 길, 2008. 참조).

게 하다to make sacred라는 의미"[39])인 것도 이 때문이다. 이처럼 희생 제의는 "굴욕적인 존재가 권능에 이르는 과정"[40])인데, 배트맨은 하비의 죄를 자신이 짊어짐으로써 희생양이 되었지만 거룩한 자 대신 범법자가 된다. 이 장면은 대단히 역설적인데, 조커가 사회악의 표상이 되어 사회를 구원할 질문을 던진 것처럼 배트맨도 스스로 사회악이 됨으로써 사회의 안정을 가져오기 때문이다. 마치 예수가 죄인이 됨으로써 세계의 구원자가 되었듯이, 진정한 세계의 구원자는 영웅이 아니라 죄인, 즉 빌런일 수 있음을 보여주고 있다.

조커의 산파술

레비나스Emmanuel Levinas는 이웃을 '헤아릴 수 없는 존재, 그럼에도 환대해야 할 타자'[41])로 보았는데, 이는 빌런에게도 적용된다. 집사 알프레드의 말("아마도 주인님은 이 자를 완전히

---

39) 테리 이글턴, 『성스러운 테러』, 221쪽.
40) 위의 책, 221쪽.
41) 문성원, 『타자와 욕망』, 현암사, 2017.

이해할 수 없을 겁니다.")처럼 수수께끼처럼 모호하고 이해 불가능한 존재라는 점에서 조커는 근본적으로 헤아릴 수 없는 이웃이다. 라캉Jacques Lacan의 말처럼 그는 절대적 타자이며, 두려운 이웃이다. 하지만 "근본적으로 무조건 환대의 자세를 취하는 것이 옳다"[42]는 레비나스의 입장을 빌런이라는 두려운 이웃에게 적용할 필요가 있다. 유대 사회의 빌런이었던 예수가 "들을 귀 있는 자들은 들어라"라고 했듯이 빌런이 던지는 질문 앞에 귀 기울일 필요가 있다. 빌런의 현상적 악행은 우리에게 두려움을 안겨주지만, 그래서 제거의 이유가 되기도 하지만, 한편으로 그의 행위는 우리가 근본적으로 잊고 있었던 것들을 기억하라고 명령한다. 이것이 빌런의 사건을 질문으로 받아들여야 하는 이유이다. 소크라테스는 자신은 진리의 담지자가 아니라 진리로 이끄는 자일 뿐이며, 진정한 진리는 우리 스스로 창안해야 한다며 산파술을 주장했다. 아이를 낳는 자는 산파가 아닌 산모이듯, 조커의 질문은 우리에게 진정한 구원의 주체란 영웅이 아닌 우리 자신임을 가리키고 있는 것은 아닐까? 산파술로서의 질문은 빌런이야말로

---

42) 위의 책, 39쪽.

"우리에게 호소하고 명령하며 우리가 응답하는 상대"[43]임을 일깨워 주고 있는 것이다. 일상 속에 묻혀진 죄를 다시 우리의 전면에 떠올리고 다시 질문을 던지기 위해서는 저 두려운 이웃을 감금하고 배제하고 혐오하는 것에 그칠 것이 아니라 그들이 던지는 '메시지'에 주목해야 한다.

니체는 '진리는 흉측한 모양을 하고 있으며, 진리에 직면하여 파괴되지 않기 위해 우리는 예술을 갖는 것이다'라고 말한 바 있다. 세계는 흉측한 맨얼굴을 히어로라는 완충장치를 통해 가리고 있지만, 조커는 섬뜩한 진리를 우리 앞에 갖다 놓는다. 그리고는 이것이 실재임을 선포하고 새로운 욕망을 욕망할 것을 요구한다. 그런 면에서 조커는 골드만Lucien Goldman이 소설 속 주인공을 향해 말했던 '타락한 세상에서 타락한 방법으로 진리를 찾는' 문제적 개인[44]이자 진리의 전령이라 말할 수 있다. 빌런의 범죄는 우리의 증상이자 동시에 세계의 구원을 기대하는 자들의 가능성이 될 수 있기 때문이다.

---

43) 위의 책, 58쪽.

44) L. 골드만, 조경숙 옮김, 『소설사회학을 위하여』, 청하, 1994, 20쪽.

II
내 살을 먹고 내 피를 마시는 자는 영생을 가졌고…

II

내 살을 먹고 내 피를 마시는 자는 영생을 가졌고…

새로운 이방인

한때 우리에게 익숙했던 이방인인 뱀파이어나 늑대인간은 분명 사회를 설명하는 매개이면서도 동시에 매혹의 대상이었다. 그들은 성적으로 또는 인간을 초과하는 거대한 힘으로 억압된 우리의 욕망을 대변하는 자들이었다.

그런데 그 위력이 왠지 예전 같지 않다. 1950년대 크리스토퍼 리가 열연했던 〈드라큘라〉는 그야말로 공포 그 자체였다. 붉은 눈동자와 창백한 흰 피부, 그 사이에서 더욱 도드라진 붉은 입술 그리고 그 사이로 슬쩍 드러나는 눈처럼 흰 송곳니를 가진 존재는 어둠의 지배자로 불리기에 충분했다. 마늘과 십자가 그리고 햇빛을 두려워하는 것 같지만 그것마저도 무화시키는 장면에서 대중들은 어찌할 바 없는 두려움과 무기력 앞에 허우적거려야 했다. 하지만 그 위용도 시간의 흐름 앞에서는 어쩔 수가 없었다. 마르크스Karl Marx의 말처럼 시간은 '견고한 모든 것들을 녹여 공기 속으로 사라지게' 만들었다. 드라큘라는 운명의 변화를 맞이할 수밖에 없게 되었다. 이제 드라큘라는 견딜 수 없는 공포와 두려움의 대상이 아니라 비극적인 운명과 이룰 수 없는 사랑에 희생된 연민의 대상으로 옮아가고 있었다. 원작에 가깝게 그렸다는 코폴라 Francis Ford Coppola 감독의 〈드라큘라〉(1992)는 원작의 서두와 결말을 아내를 향한 영원한 사랑으로 대체함으로써 원작의 뱀파이어는 400년이 지나도록 아내를 잊지 못하는 순정파 귀족이 되었다. 이러한 러브스토리는 영화 〈트와일라잇〉(2018)에서 로미오와 줄리엣 버전으로 옮아간다.

그에 비해 늑대인간은 자신의 정체성을 지켜오고 있다. 그들은 여전히 보름달을 기점으로 변신을 시작하며, 인간의 육체가 찢어지는 고통과 늑대의 육체가 출현하는 희열 속에서 울부짖는다. 늑대의 출현은 우리의 숨겨진 폭력성과 야수성을 은유하면서 식인의 사건으로 마무리되는데, 이러한 서사는 영화 〈언더월드〉 시리즈와 〈트와일라잇〉 시리즈를 통해 지금도 견고하게 유지되고 있다.

하지만 이들은 이제 너무도 익숙하고 친숙한 존재가 되었다. 처음 그들은 분명 이방인이었고 낯설었으며 그래서 두려움의 대상이었으며, 인간을 초과하는 힘을 지녔기에 공포의 대상이 될 수 있었다. 하지만 그들은 우리 곁에 너무 오래 있었다. 더 이상 이방인이 아니라 우리의 이웃이 된 것이다. 물론 여전히 낯설지만 견디기 힘들 만큼은 아니다. 오히려 친절하고 익숙해 보이는 이웃이 그들보다 더 위험하고 잔인할 수 있음을 보아왔기 때문이다. 이제 그들은 그저 그런 위험한 존재들 중의 하나가 되었을 뿐이다.

◆◆

반면에 좀비는 퇴락한 존재, 결코 매혹의 대상이 될 수 없으리라 믿었던 존재였다. 죽음에서 부활했지만 초점 없는 동공과 부패하는 회색 살가죽, 그 훼손된 신체를 이끌고 인간을 향해 무의식적으로 다가오는 대상은 그야말로 비체非體이자 환멸의 존재였다. 하지만 이 환멸의 신체는 오늘날 대중문화의 장에서 가장 주목받는 존재 가운데 하나가 되었다. 좀비국가, 좀비경제, 반공좀비, 좀비비평 등 '좀비'라는 명사는 오늘의 현상을 비추는 은유로 작동하고 있다.

대중문화의 중요한 아이콘이 된 좀비는 그 인기만큼 관

련 연구도 활발히 진행되고 있다. 좀비는 대중문화 외에도 정치, 경제, 미학 등 매우 다양한 영역에서 연구가 이루어지고 있다. 이 가운데 하나는 좀비를 후기 자본주의의 사물화된 노동자로 보는 견해이다. 영혼마저도 사물로 전환시키는 자본주의하에서 개인은 자신이 노예인지도 모르면서 일하는 속박된 좀비이자 사물일 뿐이며, 혁명의 가능성마저 소멸된 완벽한 노예적인 사회의 구성원이라는 것이다.[1] 또 하나는 혁명적 주체로서 좀비의 가능성을 탐색하는 경우이다. 주로 조지 로메로George Andrew Romero의 좀비 시리즈를 참조하면서 미국 사회의 폐쇄적인 인종차별주의, 베트남전에 대한 갈등, 미국 자본주의의 구조적인 문제 속에서 억압된 욕망의 분출과 전복의 가능성으로 좀비를 바라보는 경우이다.[2] 이 같은 연구들이 현 사회와 우리의 초상을 비판적으로 그리고 있다면, 또한 필요한 것은 좀비에게서 우리가 지향해야 할 자화상을 찾는 일일 것이다.

    이를 위해 다음의 관점을 취하고자 한다. 첫째, 좀비를

---

[1] 이러한 견해의 대표적인 연구로는 문강형준의 『파국의 지형학』(자음과모음, 2011)과 복도훈의 「walking dead, working dead―신자유주의와 좀비 아포칼립스 장르의 발생」(『플랫폼』42, 인천문화재단, 2013. 11-12.)이 있다.

[2] 이에 대해서는 권혜경의 「좀비, 서구 문화의 전복적 자기반영성」(『문학과 영상』 10, 문학과영상학회, 2009. 12.)에 자세히 나와 있다.

현실의 은유로 보고자 한다. 좀비가 만들어 내는 대파국의 상황은 스크린을 넘어 오늘의 현실과 겹쳐 있다. 영화 속 절멸의 위기는 현실 속 전쟁, 테러, 전염병, 지진과 쓰나미 등의 재현으로 볼 수 있다. 상상과 현실이 중첩되어 있는 파타포pataphor적인 사태는 이방인 좀비의 서사를 현실의 은유로 볼 수 있는 충분한 이유가 된다.

둘째, 누가 좀비를 괴물로 전유하는가이다. 괴물이 인간에 내재한 두려움의 외화外化라면 좀비 역시 두려움의 은유로 볼 수 있다. 좀비의 외형적 기괴함뿐만 아니라 인간을 초과하는 과잉된 힘도 분명 두려움의 대상이 될 수 있다. 그렇다면 좀비를 통해 전해오는 두려움의 정체와 이들을 두려운 존재로 만든 주체는 누구인지, 더불어 이들에게서 진정한 두려움을 느끼는 존재가 누구인지 질문할 필요가 있다. 다시 말해 이들을 '상상된 괴물'로 만든 주체가 누구인지 밝혀야 한다. 좀비에 대한 부정적인 평가는 주로 부두교의 악마성과 아이티 노예라는 기억이 합산해낸 결과이다. 아프리카 종교에 덧씌워진 마술적 이미지와 '좀비-영혼 없는 노예'라는 집단기억은 흑인에 대한 인종적 편견을 넘어 식민주의를 정당화하는 논리로 작용했다. 그러나 분명히 기억해야 할 것은 "상실과 박탈의 궁극적 기호인 좀비는 식민지 노예제에 특유한 방식의 감각적 지배에 대한, 그리고 아이티 독립에 수반된 강요된 자유노동 상태에 대한 반응"[3] 속에서 나왔다는 점이다. 좀비를 후기 자본주의의 수동적 소비자로 해석하는 관점은 좀비가 영혼 없는 노예라는 인식에서 기인한 것이다. 여기서 간과된 점은 누가 그들을 '노예-좀비'로 만들었냐는 것이다. 따라서 여기서 읽어야 할 것은 영혼 없는 존재가 아니라 영혼을 빼앗아 간 자의 이름이다. 다시 말해 좀비의 웅얼거림에서 들어야 할 것은 자신들의 영혼을 약탈해 간 자들의 이름을 알려달라는, 또는 영혼의 되돌림을 향한 간절한 외침이다.

셋째, 대타자와의 관계 속에서 좀비의 위상을 재고하고자

---

[3] 수잔 벅 모스, 김성호 옮김, 『헤겔, 아이티, 보편사』, 문학동네, 2012, 178-179쪽. 일반적으로 좀비의 기원은 아이티의 부두교와 관련이 있다. 부두교의 주술사 보코(bokor)는 마을의 규범과 질서를 위해 말썽을 일으킨 자들을 좀비로 만드는 경우가 있었다. 예를 들어 가족에게 위해를 가하거나 심각한 경제적 손실을 입히거나, 또는 마을 공동체에 중대한 해를 끼치는 자들에 대해 주술사 보코는 회의를 열어 이들의 처리에 대해 논의한다. 좀비로 만들겠다는 결정이 내려지면 보코는 범법자 몰래 주변에 독을 설치한다. 독에 중독된 범법자는 마치 죽은 자처럼 변하고, 그의 가족들은 그가 사망한 것으로 판단하고 장례를 치른다. 보코는 무리를 이끌고 사람들 몰래 그를 무덤에서 꺼내 해독제를 먹인다. 그는 깨어나기는 했으나 자신이 누구인지 전혀 인지하지 못하는 멍한 상태이다. 보코는 그를 농장주에게 팔아버린다. 그렇게 그는 멍한 상태에서 농장의 노예가 된다. 좀비가 된 자는 여러 독약으로 멍한 상태, 즉 의식 없는 상태에서 사탕수수 등의 농장에서 노예의 삶을 살아야 했다. 백인 농장주들은 저항과 반란을 꾀하는 흑인들을 좀비 노예로 만들어 식민통치의 일환으로 삼기도 하였다. 좀비 만들기에 대해서는 웨이드 데이비스, 김학영 옮김, 『나는 좀비를 만났다』(메디치미디어, 2013)에 자세히 나와있다.

한다. 좀비 서사는 "아이티 점령 기간에 특히 극심해진 강제 노동과 모욕의 20세기 역사뿐 아니라 식민화의 이야기"[4]이다. 하지만 미국의 대중문화는 아이티 혁명의 정신적, 물리적 연대의 중심이었던 부두교를 거세시키거나 노예-좀비를 고착화, 괴물화하는 것에 여전히 집중하고 있는 모습이다. 하지만 괴물의 허울을 벗기는 순간 좀비는 우리가 지향해야 할 존재이자 윤리의 대상이 될 수 있다. 따라서 좀비를 재조명하는 것은 그들에게 덧씌워진 괴물의 가면을 벗기는 일이자 이들에게 진정한 이름을 되돌려 주는 일이 될 수 있다.

언캐니 그리고 엑스 니힐로의 주체

좀비를 언캐니uncanny와 관련해서 바라본 자는 로봇공학자 모리 마사히로다森政弘이다. 그에 따르면 로봇의 호감도는 인간과의 유사성에 비례해 상승하지만 어느 지점부터는 호감도가 추락하는, 이른바 불쾌함의 계곡uncanny valley에 빠진다는 것이다. 불쾌함의 계곡의 저점에 시체corpse가 있으며 가장

---

4) 위의 책, 179쪽. 부두교와 좀비의 왜곡된 의미의 생산에 대해서는 라에네크 위르봉, 서용순 옮김, 『부두교-왜곡된 아프리카 정신』(시공사, 2002)에 자세히 나와 있다.

밑바닥에 위치하고 있는 것이 좀비라는 것이다. 시체는 생명력이 결여된 존재이지만 적어도 움직이지는 않는다. 하지만 좀비는 바로 그 지점, 결여된 존재가 살아 움직인다는 점living dead에서 가장 섬뜩한 존재라는 것이다. 모리 마사히로는 인간과 로봇을 더 이상 구별할 수 없을 때 비로소 언캐니의 계곡을 빠져나올 수 있다고 보았다.

하지만 과연 구별 불가능함이 섬뜩함을 극복하게 해줄까? 1937년 조선총독 미나미 지로南次郎가 통치전략으로 내선일체를 주장했을 때 일본 본토에서 이를 강하게 반대했던 이유는 바로 구별 불가능 때문은 아니었을까? 1941년 안석영 감독이 제작한 영화 〈지원병〉에는 조선인 춘호가 일본제국의 군대에 지원하는 장면이 나온다. 춘호가 일본제국의 군복을 입고, 일본어로 군가를 부르는 이 장면이야말로 일본인들이 내선일체를 반대한 가장 큰 이유 아니었을까? 같은 동양인이면서 동일한 복장에 동일한 언어를 쓰는 존재가 조선인인지 일본인인지 구별 불가능한 상태는 섬뜩함이 극복되는 것이 아니라 진정한 두려움이 시작되는 지점이기 때문이다. 이러한 두려움은 일상에서도 찾아볼 수 있다. 군인은 군복을 통해 피아彼我 구분이 가능하다. 하지만 이웃은 어떠한가? 매일같이 엘리베이터에서 만나는 이웃에게 미소나 목례만으로 거리두기를 유지하는 이유는 그가 내가 인식하고 있는 평범한 '그'인지 아니면 소시오패스인지 알 수 없기 때문이다. 테러리스트를 두려워하는 이유도 마찬가지다. 이웃과 구별되지 않기 때문이다. 주체와 타자를 구별할 수 없는, 차이가 소멸되는 그 지점은 편집증적인 근대적 주체에게는 고통 그 자체이다.

그렇다면 이 구별 불가능성은 인간과 좀비에게도 적용가능할까? 너무도 명백한 두 존재의 외적 차이에도 불구하고 이 둘의 낯익음은 언캐니uncanny에서 찾을 수 있다. 옌치Ernst Anton Jentsch는 '두려운 낯설음' 혹은 '낯익은 낯설음'이라는 언캐니의 속성을 '지적인 불확실성'에서 찾고 있다. 이른바 "어떠한 존재가 겉으로 보아서는 꼭 살아 있는 것만 같아 혹시 영혼을 갖고 있지 않나 의심이 드는 경우나 혹은 반대로 어떤 사물이 결코 살아 있는 생물이 아님에도 불구하고 우연히 영혼을 잃어버려서 영혼을 갖고 있지 않은 것이 아닌가 하는 의심이 드는 경우"[5]이다. 특정 상황 속에서 밀랍인형이나 마네킹이 섬뜩한 이유는 그것이 우리와 달라서가 아니라 우리를 닮았기 때문이다. 좀비를 향한 두려움도 여기서 기인한

---

5) 프로이트, 정장진 옮김, 「두려운 낯설음」, 『창조적인 작가와 몽상』, 열린책들, 1996, 109쪽.

다. 너덜거리는 신체와 식욕이라는 하나의 욕망만을 지닌 저 불쾌한 존재는 어쩌면 우리와 가장 먼 존재가 아니라 우리를 가장 닮은 존재일 수 있다. 논자들의 지적처럼 좀비를 "산 노동과 죽은 노동을 구별 불가능한 것으로 만드는('living dead' labor) 신자유주의의 증인"[6]으로 보거나 조지 로메로의 〈시체들의 새벽〉(1978)에서 좀비를 향해 "그들은 우리야(They are us)"라고 말한 이유도 그 때문이다. 하임리히heimlich 안에 운하임리히unheimlich[7]의 의미가 내재해 있듯이, 좀비의 공포는 이처럼 '낯익은 낯섦'과 '낯선 낯익음' 간의 공존이 만든 감정이다. 언캐니는 좀비와 인간의 상동성 혹은 두려움의 기원을 찾는데 그치지 않는다. 언캐니의 중요성은 억압된 것의 귀환에 있기 때문이다.

---

6) 복도훈, 앞의 글, 21쪽.

7) 독일어 heimlich는 '낯설지 않은', '친숙한', '길들여진', '다정한' 등의 뜻으로 '낯선', '불쾌한', '무시무시한' 등을 뜻하는 unheimlich의 반의어이다. 하지만 프로이트는 여러 사전을 통해 heimlich의 뜻이 다양하게 변주되는 양상을 들면서, 특히 heimlich의 의미가 '알 수 없는', '무의식적인', '숨어 있는', '위험한' 등으로 변주되고 있음을 밝히고 있다. (프로이트, 앞의 책, 101-108쪽 참조.)

◆ ◆

　마크 포스터Mark Derek Foster 감독의 2013년 영화 〈월드워Z〉에는 인상적인 장면이 나오는데, 전 UN조사관 제리가 좀비와 조우하는 장면이다. 제리는 한쪽 팔을 잃은 이스라엘 여군과 함께 국제보건기구를 찾아간다. 그곳에서 제리는 좀비들을 피해 각종 바이러스를 보관해 둔 방에 들어가 알 수 없는 바이러스를 몸에 주입한 후 좀비와 맞닥뜨린다. 좀비와 인간의 마주봄은 마치 인간과 괴물, 혹은 문명 대 야만, 생과 죽음 등의 교차를 떠오르게 한다. 이와 유사한 장면이 영화 〈에일리언3〉(1992)에서 에일리언이 복제인간 리플리에게 얼굴을 바짝 갖다대며 침을 흘리는 모습이다.

　이 두 장면은 사실 하나의 의미를 전하고 있다. 바로 억압된 것, 즉 실재와의 만남이다. 좀비와 인간이 닮았다는 가정은 좀비가 지닌 어두운 면 때문이다. 지젝Slavoj Zizek은 억압된 것의 귀환을 영화 〈에일리언4〉(1997)를 통해 분석한 바 있다. 복제인간인 리플리는 어느 실험실에서 자신의 실패작들을 보게 되는데, 그것은 흉측한 괴물 그 자체였다. 그 가운데 자신을 닮은 괴물, 즉 리플리의 얼굴을 한 괴물이 자신을 죽여달라고 애원하자 리플리는 화염방사기를 발사한다. 지젝은 이 괴물이야말로 바로 오늘의 나를 있게 한 또 다른 나, 즉 정상성을 유지하기 위해 끊임없이 죽여야 했던 우리 안의 괴물로 보았다. 이러한 해석을 그대로 〈월드워Z〉에 적용하면 제리가 맞닥뜨린 좀비란 곧 억압해야 했고, 건널 수 없는 심연에 가두어 두어야 했던 우리의 또 다른 모습이다. 그런 면에서 다가오는 에일리언을 두려워하며 회피하는 리플리의 모습은 결코 마주치고 싶지 않은, 그래서 회피하고픈 실재에 대한 우리의 은유이다. 좀비 영화는 억압된 그것이 문명의 장벽을 무화시키고(〈월드워Z〉) 계급의 구조를 전복시키며(〈랜드 오브 데드〉(2005)) 또는 이성으로는 결코 포획되지 않는 마성적인 힘(〈나는 좀비와 함께 걸었다〉(1943)) 등으로 은유하고 있다. 이에 대해 지젝은 좀비야말로 인간성의 원초적 단계, 즉 인간성의 중심에 있는 비인간적이고 기계적인 것이며, 좀비를 맞닥뜨렸을 때의 충격은 낯선 존재를 만날 때 느끼는 충격이 아니라 오히려 인정하지 않았던 인간다움의 근본과 직면하는 데서 오는 충격으로 보았다.[8]

---

8) 이동신, 「좀비 자유주의: 좀비를 통해 자유주의 되살리기」, 『미국학논집』 46 (1), 한국아메리카학회, 2014, 129쪽 재인용.

◆ ◆

좀비는 억압당한 내 안의 또 다른 나 곧 '인간다움의 근본'을 출현시킨다는 점에서 언캐니하다. 그런데 그 섬뜩함이란 과연 누구의 섬뜩함인가? 인육을 향해 달려오는 저 거대한 무리에게서 뿜어나오는 괴물성에 섬뜩해하는 자는 누구인가? 그리고 누가 우리 안의 또 다른 얼굴을 '괴물—좀비'로 치환했는가? 정신분석에서는 그를 대타자라고 부른다. 상징계의 주인인 대타자는 '아버지의 법'을 통해 세계에 질서를 부여한다. 야훼가 말씀을 통해 빛과 어둠, 육지와 바다를 나누듯 대타자의 언어는 카오스의 세계에 코스모스를 도입한다. 대타자의 '말씀'은 십계명처럼 법의 속성을 띠고 있다. 근친상간 금지나 살인하지 말라처럼 근본적인 계명에서 시작해 여러 규범과 도덕의 언어로 우리의 신체와 정신을 지배한다. 즉 "하나의 세계는 중핵의 주이상스$_{jouissance}$를 억압하는 공인된 대타자의 담화로 지탱된다. 이것은 우리의 무의식이 지탱되는 방식이자, 정치 공동체가 집단적 욕망을 필터링하며 스스로 보존되는 방식"[9]이다. 그런 면에서 "대부분의 이방인,

---

9) 백상현, 『라캉의 인간학』, 위고, 2018, 327쪽.

신, 괴물은 인간 심리의 심연에 존재하는 균열의 증거이며, 그들은 우리가 의식과 무의식, 친숙한 것과 낯선 것, 같은 것과 다른 것 사이에서 어떻게 분열되는지"[10] 보여주는 좌표이다. 따라서 좀비로 은유된 폭력성(충동의 기표)은 "상징계의 규범과 통제에서 벗어난 좌표 또는 비좌표"[11]라는 점에서 위험한 대상으로 상징화해야 하는 것이다.

◆◆

그렇다면 좀비의 섬뜩함과 두려움의 실제적인 방향은 누구를 향한 것일까? 영화 〈월드워Z〉 초반, 갑자기 바이러스에 감염된 사람들이 좀비로 변해갈 때 주인공 제리와 가족 그리고 대중들은 공포에 휩싸인다. 말 그대로 아수라장이고 어찌할 바 모르는 혼돈, 여기서 화면에는 나타나지 않고 있지만 공포에 떨고 있는 또 하나의 존재가 있다. 바로 이 문명 세계의 주인, 대타자이다.

코로나 사태는 〈월드워Z〉의 현실 버전이다. 이 둘의 공

---

10) 리처드 커니, 이지영 옮김, 『이방인, 신, 괴물』, 개마고원, 2016, 15쪽.
11) 백상현, 앞의 책, 129쪽.

통점은 바이러스와 '나를 만지지 말라'이다. 코로나 바이러스가 전지구적인 사태로 번져갈 때 가장 두려워했던 존재는 누구였을까? 바이러스에 취약하다는 노인? 병원의 환자들? 진정한 패닉을 경험한 자들은 오히려 권력자들 아닐까? 이른바 대타자를 대리하는 그들이야말로 자신들이 구축했던 세계의 몰락을 눈앞에서 목도하고 있는 것 아닌가?

> 영국에서 심각한 코로나바이러스 집단감염이 진행되는 가운데, 만일 집중치료 병동들이 대처에 애를 먹는다면 국민건강서비스(NHS)에 등록된 환자들까지도 구명치료를 거부당할 수 있다고 선임 의사들이 경고했다. 병원들이 환자로 넘쳐나서 마비되는 사태가 온다면, 이른바 '세 명의 현자' 지침에 따라 각 병원에 있는 세 명의 선임 상담자들이 산소 호흡기와 병상 치료 등의 배분 면에서 어쩔 수 없는 결정을 내려야 할 수도 있다.[12]

이 상황은 영국뿐 아니라 전지구적인 공통 상황이었다.

---

12) 숀 린튼, 「코로나바이러스: 가장 허약한 환자들은 구명치료를 거부당할 수 있다」, 《www.independent.co.uk》, 2020. 2. 26. 슬라보예 지젝, 강우성 옮김, 『팬데믹 패닉』, 북하우스, 2020, 91쪽 재인용.

당시 트럼프는 "우리는 바이러스 자체보다 치료가 더 끔찍한 일이 되도록 내버려 두지 않겠다. 15일간의 봉쇄 기간이 끝나면 우리가 어떤 방향으로 가길 원하는지 결정할 것이다."[13]라고 선언했다. 병원은 이미 임계점을 넘어버렸고, 거리에는 비닐로 동여맨 시체들로 넘쳐나는 퍼펙트 스톰perfect storm은 노약자와 환자를 제물로 바쳐야 한다는 '세 명의 현자'들로 가득하다. 이 현자들이야말로 이 사태 속에서 가장 공포와 두려움에 가득찬 자들이다. 대타자의 충복임을 자처하는 그들의 주장은 어렵지 않다. 아무리 많은 제물을 희생하더라도 이 세계, 즉 자본주의는 포기할 수 없다는 메시지이다. 대타자의 균열이야말로 진정한 파국의 문이 열리는 시간이기 때문이다.

◆ ◆

좀비나 바이러스처럼 대타자에게 환영받지 못하는 존재들은 언제나 괴물로 표상되었으며 영원한 억압의 대상이어

---

[13] "WE CANNOT LET THE CURE BE WORSE THAN THE PROBLEM ITSELF. AT THE END OF THE 15 DAY PERIOD, WE WILL MAKE A DECISION AS TO WHICH WE WANT TO GO."(위의 책, 125쪽에서 재인용)

야 했다. 특히 괴물들이 충동의 은유라는 점에서 더욱 그렇다. 대타자가 선포한 최초의 법이 '충동'의 억압임을 잊어서는 안 된다. 프로이트가 『문명 속의 불만』에서 주장했던 인류의 불만도 충동의 억압 때문이었다. 억압 덕에 문명의 세례를 받을 수 있었지만 여전히 충동을 잊지 못하고 있었던 것이다.

반면 괴물들이 두려움과 매혹의 대상인 이유는 위반에 있다. 위반은 그들은 괴물로 만들면서 동시에 숭배의 대상으로 전환시킨다. 충동의 금지는 인간만의 법이다. 인간만이 예민하게 충동을 의식하며 금지의 법을 준수한다. 고대의 동물숭배 사상도 여기에 기인한다. 동물들이야말로 아무렇지도 않게 인간의 법을 무시하면서 자유롭게 충동을 향유하는 존재였기 때문이다.[14]

따라서 억압되었던 그것(thing)이 괴물로 치환되어 다시 출현했을 때 그 놀라움과 공포는 고스란히 대타자의 몫이다. 저 억압되지 않은 '인간다움의 근본' 혹은 "자연 상태의 인간 본연의 모습"[15]이란 '아버지의 이름'으로 세워진 대타자의 세

---

14) 동물숭배에 관해서는 조르주 바타유, 조한경 옮김, 『에로티즘』(민음사, 2000), 7장 참조.
15) 이동신, 「좀비 반, 사람 반: 좀비서사의 한계와 감염의 윤리」, 『문학과영상』 18 (1), 문학과영상학회, 2017. 4., 34쪽.

계에 균열을 내고 심지어는 실재(the real)의 전면적인 출현이라는 대파국을 야기할 수 있기 때문이다. 결국 영화 속 혼란과 당황스러움이란 견고하리라 믿었던 대타자의 세계가 몰락할 수 있다는 불안 그 자체이다. 이처럼 좀비는 인간이 "억제할 수 없는 잉여의 한계 경험들을 가리킴으로써 에고$_{ego}$가 결코 모든 것의 지배자가 되지 못한다는 사실을 상기"[16]시켜준다.

감염과 환대의 윤리학

영화 〈월드워Z〉의 초반은 좀비 서사의 루틴을 그대로 따르고 있다. 갑작스런 좀비의 출현과 이로 인한 혼란스러운 상황 속에서 한 남자가 좀비에게 물리고, 주인공 제리는 그를 바라본다. 길에 버려진 알람인형의 카운트다운 소리에 맞춰 불과 10초 만에 좀비로 변하는 남성에게서 주목할 부분은 그의 눈빛이다.

바이러스에 감염된 그의 동공은 갑자기 생명력 없는 회

---

16) 리처드 커니, 앞의 책, 13쪽.

색빛으로 바뀐다. 온몸이 뒤틀리는 고통과 함께 불현듯 찾아오는 생물학적 정지 속에서 그의 눈은 인간의 것이 아닌 좀비의 눈으로 전환된다. 좀비 영화의 공통점은 바로 이 눈빛의 변화 순간을 클로즈업하는 것인데, 이는 마치 "자, 이제부터 나는 좀비야, 미련을 갖지 마!"라고 선언하는 것처럼 보인다. 그런데 좀비로 변하는 그 남자의 표정은 공포가 아니라 무언가 놀람 또는 경이로움을 마주했을 때의 표정과 유사하다. 그것은 마치 "이제부터 나는 깨달은 자(覺者)이다, 나에게 세계의 법을 요구하지 말라!"의 모습이다. 실제로 눈빛의 변화는 마치 무엇인가를 깨달은, 이른바 각성의 상태와 유사하다. 그 각성의 상태란 대타자의 시선으로는 결코 보지 못했을, 아니 보리라 기대조차 할 수 없었던 무언가를 봤을 때의 표정이다. 영화 〈가디언즈 오브 갤럭시2〉(2017)에서 스타로드는 우주의 신이자 아비인 '에고'를 만난다. 에고가 스타로드에게 인간을 초과하는 신적 능력을 부여했을 때 〈월드워Z〉와 동일한 장면을 만난다. 바로 인간 스타로드에서 신적인 스타로드로 전환됨을 알리는 '눈동자'의 변화이다. 한껏 클로즈업된 스타로드의 눈빛과 함께 그는 경이에 가득 찬 표정을 짓는다. 콜린-그레그 스트로스Colin & Greg Strause 형제의 영화 〈스카이라인〉(2010)과 수잔느 비에르Susanne Bier 감독의 〈버드

박스〉(2018)에도 무엇인가 알 수 없는 섬광을 본 여인이 눈빛의 변화와 함께 경이의 표정을 짓는 장면이 나온다.[17] 이른바 외계 생명체가 인간의 신체에 침투하는 '신체 강탈자'의 서사가 영혼의 빼앗김이 아닌 대타자의 외부와의 조우라면? 우리의 고유한 충동을 절단하고 감금해 버린 대타자의 법에서 벗어나는 순간의 표정이라면? 정신분석학은 이를 실재(the real)와의 만남이라고 부른다. 이는 현실(reality)이야말로 실은 가상(fantasm)이며 자신은 대타자의 욕망을 자신의 욕망으로 오인한 가짜 욕망의 주체였음을 깨닫는 '각성의 시간'이다. 그런 차원에서 저 눈빛이야말로 대타자의 힘에 감금되었던 충동과 조우하는 순간이며, 가짜 욕망의 주체였던 자신의 몰락을 경험하는 '충격'과 '경이' 그 자체이다. 이에 대해 철학자 한병철은 라스 폰 트리에르Lars von Trier 감독의 영화 〈멜

---

17) 스트로스 형제가 감독한 2010년 영화 〈스카이라인〉은 어느 날 갑자기 외계인이 도시 상공에 나타나고 지구인을 납치하는 사태를 그리고 있으며, 수잔느 비에르 감독의 2018년 영화 〈버드박스〉는 눈을 뜨면 죽음에 이르는 세상을 다루고 있다. 그리고 영화 〈콰이어트 플레이스〉 시리즈는 소리를 내면 죽는 상황을 그린다. 이들 영화는 정신분석의 관점에서 볼 때, 금지된 충동과의 마주침이 야기하는 공포를 다룬다. 다시 말해 충동과 마주하지 말라는 대타자의 법, 즉 충동과의 마주침은 곧 죽음이라는 메시지이다. 따라서 정상적으로 살고 싶다면 충동에 대해 못 본 척, 못 들은 척 외면해야 한다는 경고이다. 공포영화의 주제가 '하지 말라(Don't)'인 것도 마찬가지다. '하면' 죽는 것이다.

랑콜리아〉(2011)[18]와 '블랑쇼Maurice Blanchot가 경험한 유년 시절'[19]을 겹쳐 설명한다.

> 아이는 텅 빈 하늘의 무한성에 매혹된다. 아이는 자기 자신에게서 떨어져 나온다. 아이는 내면을 잃고 경계를 벗어나 깨끗이 비워진 상태로 아토포스atopos적 외부 속으로 들어간다. 이러한 파국적 사건, 외부의 침입, 완전히 다른 자의 침입은 자신에게서 벗어나는 사건Ent-Eignis, 자신의 지양이자 비움, 즉 죽음의 과정이기도 하다. '하늘의 공허, 유예된 죽음: 재앙.' 그러나 이 재앙은 아이에게 '어마어마한 기쁨'을, 부재의 행복을 안겨준다. 여기에 바로 재앙의 변

---

18) 라스 폰 트리에르 감독의 2011년 작품으로 거대한 행성 '멜랑콜리아'가 지구와 충돌하면서 벌어지는 전지구적 종말을 그리고 있다. 이 영화는 우울증(멜랑콜리아)이 갖는 의미를 전하고 있다. 이와 관련해서는 한병철, 『에로스의 종말』(문학과지성사, 2015)에 자세히 언급되어 있다.

19) "나는 일곱 살이나 여덟 살쯤 된 아이였다. 나는 어느 빈 집에 있었다. 닫혀 있는 창문 근처에서 나는 밖을 내다보았는데—갑자기, 그보다 더 갑작스러운 일은 있을 수 없을 듯 했다—마치 하늘이 열리는 것 같았다. 무한자를 향해 무한히 열릴 듯했고, 이 압도적인 열림의 순간은 무한자를, 하지만 무한히 공허한 무한자를 인정하라고 내게 손짓하는 것처럼 느껴졌다. 그 결과는 낯설고 당혹스러운 것이었다. 갑작스럽게 닥쳐온 하늘의 절대적 공허, 그것은 명백했다. 그리고 이 점에서 그것은 신성한 것에 대한 단순한 암시를 훨씬 뛰어 넘는 사건이었다. 그 하늘을 본 충격이 너무나 매혹적이고 너무나 큰 기쁨을 주었으므로, 아이의 눈에는 일순간 눈물이 가득 고였다. 그리고 거짓 없이 덧붙여 말하자면 그것이 아이의 마지막 눈물이었던 것 같다."(위의 책, 27쪽.)

증법이 있다. 재앙의 변증법은 영화 〈멜랑콜리아〉의 구성 원리로도 작동한다. 파국적 재난은 뜻하지 않게 구원으로 역전된다.[20]

일곱 살의 블랑쇼가 하늘의 무한성에 매혹되어 자신에게서 벗어나는, 즉 타자가 되어보는 사건은 그대로 좀비에 물려 고통스럽게 변해가는 인간의 모습과 겹치고 있다. 대타자의 바깥을 경험하기 위해서는 반드시 '외부의 침입'이 필요하며, 이는 '자신의 지양이자 비움, 즉 죽음의 과정'이라는 점에서 재앙이다.

◆ ◆

하지만 그 죽음을 통해 토포스topos의 주체에서 아토포스atopos[21]의 주체로 옮아가는 '어마어마한 기쁨'의 사건을 맛볼 수 있다. 이러한 기쁨의 사건을 예시하는 영화가 제이 리Jay Lee 감독의 〈좀비 스트리퍼스〉(2008)[22]이다.

---

20) 한병철, 앞의 책, 27-28쪽.
21) 특정한 장소(영역, 범주)에 구애됨 없는, 비장소(非場所)를 의미한다.
22) 영화 〈좀비 스트리퍼스〉는 이른바 B급 좀비 영화이다. 군사 시설에서 누출된 바이

"느낌이 어때?"

"눈과 별 같아. 깨끗한 별들의 담요 아래 눈 위에 누워있었던 적이 있었어. 그리고 너무나 많은 별들이 있었지. 난 그 광대하고도 고결한 공간을 이해할 수 없었어. 그러나 지금은 그것을 이해해. 내가 그것들의 일부가 된 걸 느껴. 그것은 무한한 공간이야."

- 「좀비 스트리퍼스」 중에서 -

    싸구려 바에 갑작스럽게 난입한 좀비로 인해 좀비가 된 스트립 쇼걸 릴리스. 이제 그녀는 더 이상 돈을 벌기 위해 옷을 벗어야 하는 그저 그런 댄서가 아니다. 좀비가 된 그녀는 경험할 수 없었던 세계를 보고 감각하고 있다. 현실 너머에 존재하는 무한한 공간 속에서 자연과 하나가 되는 일체감을 맛보는 장면은 공교롭게도 밤하늘에 매혹당한 유년 시절의 블랑쇼와 겹친다. 이전의 존재와는 완전히 다른 차원의 존재로 거듭나는 이 사건을 그녀는 무한한 공간과의 일체감으로 표현한다. 좀비로 거듭난 그녀는 춤에 대한 강렬한 욕

러스로 좀비가 된 군인이 스트립바에 갔다가 댄서를 물어 좀비로 만든다. 그런데 좀비로 변한 댄서는 오히려 좀비의 신체로 더욱 뇌쇄적이고 퇴폐적인 춤을 추게 되고 관객들은 열광한다. 급기야 서로 좀비가 되려는 댄서들과 그 와중에 돈을 벌기 위해 음모를 꾸미는 사장의 코믹한 사건이 벌어지는 이야기이다.

망을 느끼기 시작한다. 좀비가 된 채 무대에 올라선 릴리스, 그녀의 춤은 대타자의 법에 따라 욕망을 학습하고 재현하듯 정해진 레퍼토리에 따라 몸을 움직이는 반복적인 동작이 아니다. 그녀는 기존의 상투적인 춤과는 완전히 절연한 새로운 춤을 춘다. 그녀의 춤은 현실에서는 불가능한 무한한 시공간과의 일체감에서 발현된 것으로, 기이하고도 의미화되지 않는 그녀의 춤에 사람들은 완전히 매혹당한다.[23] 이제 그녀는 더 이상 '릴리스', 즉 "그 사람이 아니며, 동시에 그라는 존재, 그가 현시하는 존재도 아니다. 그는 자신의 근본적인 변성, 근본적인 부재이다. 엄격하게 말해, 그는 '원래의 그가 아님 impropriété 그 자체"[24]이다. 예수가 부활 사건을 통해 "더 이상 동일자가 아닌 동일자"가 되었듯이, 그녀의 좀비로의 전환은 죽음의 지속이 아닌 새로운 존재로의 거듭남(아나스타시스 □v□στασι□)이다. 〈랜드 오브 데드〉(2005)에서 한낱 대타자의 질서에 순응하며 살던 그들이 좀비가 됨으로써 비로소 외

---

[23] 이 영화는 좀비도 매혹의 대상이 될 수 있음을 시사하고 있다. 뱀파이어, 늑대인간 등은 두려운 존재이지만 동시에 매혹의 대상이기도 했다. 하지만 좀비는 언제나 퇴락한 존재, 혐오와 환멸의 대상으로 그려왔다. 하지만 이 영화에서 좀비는 매혹의 존재로 부각된다. B급 영화다운 비약이 존재하지만 좀비가 갖는 비현실적인 힘, 특히 좀비 스트리퍼의 강렬하고도 매혹적인 춤 앞에 스스로 좀비가 되려하는 인물들을 그리고 있다.

[24] 장-뤽 낭시, 이만형·정과리 옮김, 『나를 만지지 마라』, 문학과지성사, 2015, 53쪽.

부를 바라보는 혁명적 주체로 거듭났듯이, 좀비에게 물린 사태야말로 실재와의 조우를 가능케 하는 '진리 사건'의 출현이다.[25] 좀비에게 물린 인간의 고통은 대타자의 자녀로 남고자 하는 '의지'의 표현이기도 하지만 고정관념의 껍질을 깨고 새로 태어나기 위한 '진통'이기도 하다. 고통 속에 몸이 뒤틀리고 시뻘겋게 충혈되는 눈빛 그리고 찾아오는 상징계 내 주체의 몰락은 모든 것의 정지이자 동시에 모든 것이 새로 시작되는 영도零度의 시간이자 '엑스 니힐로ex nihilo[26]의 주체'가 탄생하는 순간이다. 죽음 이후의 예수의 부활이 결코 인간으로의 재생이나 소생이 아닌 그리스도로의 전환이듯, 또 영

---

25) 이러한 진리 사건의 또 다른 예로 아이티 출신의 작가이자 프랑스로 망명한 르네 데페스트르(René Depestre)의 『내 모든 꿈 속의 아드리아나』(1988)를 들 수 있다. 이 작품의 주인공인 좀비는 아이티에 거주하는 프랑스 여성 아드리아나 실로에이다. 그녀는 결혼식 날 좀비가 되는데, 자신의 상태를 다음과 같이 말하고 있다. "나는 원초적인 어두은 대지의 세포 속에, 촘촘한 곡식의 낱알 안에 융합되었으며, 동물, 식물, 광물의 세계에 눈 뜬 작멜의 땅 속으로 잠겨들었다. (중략) 죽음과 삶이 동시에 서로 심하게 얽혀있는 영역을 경험한 후, 나는 동포들의 익숙한 태도와 행동에 영향을 주는 수많은 대상들이 지닌 섬세한 복잡함을 더 생생하고 예민하게 느끼게 되었다. 바다, 하늘, 새들, 비, 나무들, 바람은 영원히 나와 가까이 이어졌다." 이는 육체의 한계를 넘어서는 교감의 상태를 보여주는 것이자 동시에 상징계 외부를 경험하는 순간이기도 하다. 이 작품에 대한 논의는 이송이의 「현대 아이티 문학 및 아이티 이민문학에 나타난 '다중성'」(『서강인문논총』 41, 서강대인문과학연구소, 2014. 12.)에서 볼 수 있다.

26) 'ex nihilo'는 라틴어로 '무(無)로부터'의 의미이다. 창세기에서 우주의 기원을 가리키는 의미로 사용된다. 여기서는 대타자의 법에서 빠져나와 원점에서 새롭게 구성되는 주체를 가리킨다.

화 〈매트릭스〉(1999)의 앤더슨이 몰락함으로써 네오로 신생新生하듯 상징계 주체로서의 종말, 즉 "서서히 죽어 가는 것 안에 바로 구원이 존재"[27]한다는 사건은 파국적 재난이 뜻하지 않게 구원으로 역전될 수 있다는 재앙의 변증법을 보여준다.

◆ ◆

하지만 감염이 진정한 구원인 이유는 바로 '네 이웃을 네 몸처럼 사랑하라'는 명제를 실천하고 있기 때문이다. 외형상 좀비와 뱀파이어의 식인(흡혈) 행위는 달라 보이지 않는다. 그러나 뱀파이어의 흡혈이 마르크스의 비유처럼 살아있는 노동자의 피를 빠는 착취라면 좀비의 식인은 '이웃 사랑'의 전파이기 때문이다. 뱀파이어의 흡혈은 '이웃에 대한 공격성을 통해서만 자신의 욕구를 만족시키는, 즉 이웃의 노동을 착취하며, 이웃의 동의도 없이 성적으로 도구화하며, 이웃의 재화를 착복하고, 굴종시키고, 고통을 강제하고, 학대하여 죽게 만드는 이타주의적 이기주의의 사랑이다. 또 그것은 매우 유순한 방식, 즉 자신이 하기 싫은 일은 남에게도 요구하지

---

27) 키르케고르, 박덕환 옮김, 『죽음에 이르는 병』, 범우사, 1991, 14쪽.

않으며, 자신이 할 수 있는 일만을 타인에게 요구하는 사랑이다. 이는 이웃의 개념을 내 자아의 유사물로 여기는, 즉 자신을 위한 이웃의 사랑이다.'[28]

하지만 좀비가 인간의 살을 먹는 것은 다른 차원의 사랑이다. 좀비의 감염 사건이 시사하는 것은 너와 나의 연대이자 개방성이다. 좀비에게 먹는 행위는 실재와의 조우를 경험하는 사건을 나누는 것이자 아토포스atopos의 주체로 거듭나는 계기이다. 그 사건은 인간이 원치 않는다는 점에서 맹목적이며 공격적이고 폭력적일 수 있다. 하지만 그렇기 때문에 좀비는 진정한 이웃이 될 수 있다. 인간에게 좀비는 살균된 "쾌락을 나누는 나의 동포가 아니라 극단적 역겨움과 이질성을, 나의 자아가 견딜 수 있는 한계를 시험하는 외부의 이웃"[29]이다. 상징계의 한계까지 밀어붙이고 그 너머를 욕망하는 존재로 전환시켜 준다는 점에서 좀비는 쾌락 원칙 너머에 존재하는 진정한 이웃이 될 수 있다.

이 진정한 이웃의 모습을 예수에서 발견할 수 있다. 예수는 율법의 질서 속에서 극단적인 역겨움과 이질성의 존재였

---

28) 이타주의적 이기주의의 사랑에 대해서는 백상현, 앞의 책, 254-256쪽 참조.
29) 위의 책, 258쪽.

으며, 그가 유대인에게 요구했던 것도 역겹고 이질적인 존재에 대한 욕망이었다. 이렇게 볼 때 이웃—예수가 말한 "내 살을 먹으라"는 좀비의 감염 사건에서 그대로 재현되고 있다.

> 예수께서 이르시되 내가 진실로 진실로 너희에게 이르노니 인자의 살을 먹지 아니하고 인자의 피를 마시지 아니하면 너희 속에 생명이 없느니라 내 살을 먹고 내 피를 마시는 자는 영생을 가졌고 마지막 날에 내가 그를 다시 살리리니 내 살은 참된 양식이요 내 피는 참된 음료로다 내 살을 먹고 내 피를 마시는 자는 내 안에 거하고 나도 그의 안에 거하나니 살아 계신 아버지께서 나를 보내시매 내가 아버지로 말미암아 사는 것같이 나를 먹는 그 사람도 나로 말미암아 살리라 이것은 하늘에서 내려온 떡이니 조상들이 먹고도 죽은 그것과 같지 아니하며 이 떡을 먹는 자는 영원히 살리라
>
> - 「요한복음」 6:53-58 -

좀비가 인간의 살점을 먹는 것은 자신의 사랑을 내어주는 것이며 동시에 좀비 안에 인간이, 인간 안에 좀비가 공존하는, 이른바 "내 살을 먹고 내 피를 마시는 사람은 내 안에 머

무르고, 나도 그 사람 안에 머무"(「요한복음」 6:54)르는 사랑의 실천이다.

◆ ◆

이웃―좀비의 윤리성이 갖는 특이점이 여기에 있다. 복음서의 "네 이웃을 네 몸처럼 사랑하라"라는 명제에서 사랑의 주체는 우리이며, 타자는 우리의 사랑을 기다리는 수동적 존재로 나타난다. 하지만 예수는 이 상황을 역전시킨다.

> *그 사람이 자기를 옳게 보이려고 예수께 여짜오되 그러면 내 이웃이 누구니이까 예수께서 대답하여 이르시되 어떤 사람이 예루살렘에서 여리고로 내려가다가 강도를 만나 매를 맞아 거의 죽은 것을 버리고 갔더라 마침 한 제사장이 그 길로 내려가다가 그를 보고 피하여 지나가고 또 이와 같이 한 레위인도 그 곳에 이르러 그를 보고 피하여 지나가되 어떤 사마리아인은 여행하는 중 거기 이르러 그를 보고 불쌍히 여겨 가까이 가서 기름과 포도주를 그 상처에 붓고 싸매고 자기 짐승에 태워 주막으로 데려가 돌보아 주고 이튿날 그가 주막 주인에게 데나리온 둘을 주며*

이르되 이 사람을 돌보아 주라 비용이 더 들면 내가 돌아
올 때 갚으리라 하였으니 네 생각에는 이 세 사람 중에 누
가 강도 만난 자의 이웃이 되겠느냐 이르되 자비를 베푼
자니이다 예수께서 이르시되 가서 너도 이와 같이 하라

-「누가복음」10:29-37 -

예수는 율법 교사의 질문("그러면 내 이웃이 누구니이까")에 대한 답(이웃의 '정의')을 하지 않는다. 대신 선한 사마리아인의 비유를 통해 스스로 이웃이 '될 것'("가서 너도 이와 같이 하라")을 요구한다. 이웃을 규정하는 순간이란 곧 '비(非)-이웃'이 탄생하는 순간이다. 예수는 이웃을 규정하고 한계 지을 것이 아니라 스스로 이웃이 되라고 명령한다. 좀비는 바로 이러한 사랑의 현재이다. 좀비는 레비나스Emmanuel Levinas의 이웃처럼 "끊임없이 우리에게 무엇인가를 달라고 요구하는 성가신 존재"[30]가 아니다. 좀비는 우리가 요구하지 않음에도 사랑을 베푸는 존재이다. 그들의 어슬렁거림은 연대를 위한 한없는 기다림이며, 인간을 향해 돌진하는 공격성은 적극적인 환

---

30) 최원,「좀비라는 알레고리의 이단점」,『문학과영상』 18 (1), 문학과영상학회, 2017. 4., 62쪽.

대의 다른 이름이다.[31] 그런 면에서 좀비 바이러스는 "인간에게서 고유한 본성을 빼앗고 그에게 타인의 본성을 불어넣는", "전염병 중에서도 최악의 전염병"[32]이다.

폭발하는 혁명성과 메시아적 폭력

실재를 마주한 새로운 주체들의 모습은 조지 로메로George A. Romero 감독의 〈랜드 오브 데드〉(2005)에서 볼 수 있다. 매우 노골적인 방식으로 대중을 혁명의 주체로 은유화하고 있는 이 영화는 좀비를 상징계의 표상인 인간세계를 전복시키는 존재로 등장시킨다. 좀비 서사의 중심인 종말론적 사태는 결국 문명의 몰락으로 귀결되는데, 이는 폭력적인 방식으로 파국을 환대하는 것이다.

영화 〈월드워Z〉는 좀비의 폭력성을 현실의 정치적 메시

---

31) 이동신 역시 좀비에 물린 인물들의 신체 안에 사람과 좀비가 공존함을 지적한 바 있으나, 그에게 감염의 윤리 주체는 좀비가 아닌 인간이다. 즉 감염의 서사가 인간에게 윤리적 선택의 상황을 만든다는 것이다. 그는 영화 〈부산행〉의 용석과 석우를 통해 윤리성의 유무를 논하고 있다.(이동신, 「좀비 반 사람 반: 좀비서사의 한계와 감염의 윤리」, 『문학과영상』 18 (1), 문학과영상학회, 2017. 4. 참조.)

32) 한병철, 앞의 책, 50쪽.

지로 은유하고 있다. 영화에서 이스라엘은 유일하게 좀비로부터 안전한 국가인데, 이유는 단 하나, 거대한 장벽 때문이다. 장벽 안에서 종교행사가 벌어지고 있다. 사람들이 모여들기 시작하고 노래를 부르기 시작하는데, 마이크를 사용하자 장벽 밖까지 들릴 정도로 소리가 커진다. 노랫소리를 들은 좀비들은 흥분하기 시작하고 점차 장벽을 향해 몰려들기 시작한다. 위험성을 인지한 당국이 제지 명령을 내려보지만 이미 사태는 걷잡을 수 없는 지경이다. 거대한 좀비 무리들이 장벽을 넘기 위해 몰려들기 시작하고, 급기야는 자신들의 몸을 받침대로 삼아 장벽을 타 넘기 시작한다. 헬리콥터가 거대한 좀비 무리를 향해 난사하는 모습은 이 영화에서 가장 스펙터클한 장면으로 손꼽히고 있다.

하지만 이 화려함 뒤에는 매우 정치적인 목소리가 감춰져 있다. 장벽을 타 넘는 거대한 좀비 떼는 마치 우글거리는 벌레처럼 묘사되고 있으며, 그들을 향해 난사하는 헬리콥터는 벌레를 퇴치하기 위해 '살충제'를 뿌리는 모습을 연상시킨다.[33] 그러나 이 장면은 팔레스타인의 분리 장벽과 그곳 주

---

33) 공교롭게도 영화 〈스타쉽 트루퍼스〉(1997)에도 담을 타 넘어 공격하는 외계행성의 벌레들을 섬멸하는 장면이 나온다. 이 영화에서 살해의 정당성은 벌레가 인간들을 위협하는 타자라는 이유뿐이다.

민들에 대한 노골적인 은유이다. 영화 속 장벽은 실제 이스라엘의 분리 장벽과 완벽하게 일치한다. 이스라엘은 2002년부터 팔레스타인의 공격을 빌미로 높이 6 미터, 길이 700 킬로미터에 달하는 거대한 장벽을 세웠으며, 가자지구에만 64 킬로미터에 달하는 거대한 장벽을 설치했다. 이 장벽은 팔레스타인인의 완전한 고립뿐만 아니라 그들을 향한 혐오의 극단을 보여준다. 이스라엘의 아일렛 새이크Ayelet Shaked 의원은 자신의 페이스북에 "팔레스타인인들은 실질적으로 모두 다 테러리스트들이고, 팔레스타인인을 낳고 기르는 그들의 부모는 테러리스트를 공급하는 것과 다름없다. 따라서 모든 팔레스타인 엄마들을 죽여야 한다"고 쓰면서 "팔레스타인들은 죽은 자식을 따라야 한다. 이것이 정의다. 집도 부숴버려야 한다."고 비난했다.[34] 또 이스라엘의 '스데롯Sderot'은 팔레스타인에 폭탄이 떨어질 때 이스라엘 사람들이 환호하며 술을 마시는 곳으로, '스데롯 시네마Sderot Cinema'라 불리는 악명 높은 곳이다. 그들에게 팔레스타인들은 죽이고 죽여도 살아 돌아오는 '좀비-벌레' 그 이상도 이하도 아니다.

---

[34] 「이스라엘 의원 "팔레스타인 엄마 다 죽여야… 이것이 정의다" 발언 파문」, 『쿠키뉴스』, 2014. 7. 19. https://v.daum.net/v/20140719172607503(검색일: 2024. 12. 29.)

◆ ◆

여기서 또 하나 주목할 점은 분노이다. 걷는 좀비(walking dead)에서 뛰는 좀비(running dead)로 전환되면서 나타난 특징 중의 하나가 분노하는 좀비이다. 조지 로메로의 초창기 좀비물이나 드라마 〈워킹데드〉시리즈, 〈새벽의 황당한 저주〉(2004), 〈The Dead〉(2010) 등 이른바 걸어다니는 좀비들에게서는 분노를 찾기 어렵다. 그들은 단지 초점 없는 동공으로 인간을 바라보며 걸어올 뿐이다. 하지만 걷는 좀비에서 달리는 좀비로의 전환이 보여준 변화는 바로 분노하는 좀비의 등장이었다. 이 분노는 영화 〈28일 후〉(2002)에서처럼 분노 바이러스로 인한 증상이기도 하지만 대부분 구체적인 설명을 삭제한 채 괴물 이미지의 클리셰cliché로 등장하고 있다. 하지만 이들의 분노야말로 대타자의 법에 의해 억압당해야 했으며, 물신의 지배와 소비하는 주체로서만 존재를 증명해야 했던 비루함에 대한 폭로이자 폭발이다. 단 한 번도 허용되지 않았던, 하지만 그렇기에 더더욱 간절했던 것이었기에 좀비의 분노는 괴물의 비이성이 아닌 실존의 도래이다.

인간을 향해 달려드는 좀비의 공격성과 폭력성은 이제 일반적인 모습이 되었지만 영화 〈월드워Z〉는 거기에 또 다른

'분노'를 추가하고 있다. 영화는 이스라엘을 공격하는 좀비의 분노를 유달리 강조하고 있다. 장벽을 넘기 위해 서로의 신체를 사다리로 삼거나 장벽 안으로 몸을 던진 후 곧바로 인간을 공격하는 모습은 적개심 그 자체이다. 자살특공대를 연상시키는 좀비들에게서 팔레스타인의 억압된 분노를 떠올리는 일은 어렵지 않다. 금지된 욕망과 허용된 욕망을 가르는 도덕법인 장벽은 이웃을 위험하고도 혐오스러운 이방인으로 규정하고 추방한다. 영화 〈스타쉽 트루퍼스〉(1997)[35]가 이방인 이웃을 벌레로 은유했다면, 영화 〈월드워Z〉는 현실 속 가자지구[36]의 분리장벽과 영화 속 장벽이 결코 다르지 않음을 노골적으로 드러내고 있다. 하지만 좀비들의 연대는 독일의 철학자 슬로터다이크Peter Sloterdijk가 말한 '분노은행'[37]처럼 거대한 적개심의 동시적 폭발을 통해 대타자의 세계를 붕괴시킨다.

---

35) 폴 버호벤 감독의 1997년 작품으로, 미래의 지구인이 거대한 외계 벌레 종족 '버그'와 전쟁을 벌이는 이야기이다.

36) 팔레스타인 영토의 서부 지역으로 2023년 이스라엘-하마스 전쟁 이후, 현재 이스라엘이 장악하고 있다. 인구는 약 230만 명에 달하지만 국경과 영해 모두 이스라엘에 의해 통제되고 있는 세계에서 가장 고립된 지역이다.

37) 슬로터다이크의 분노은행(rage bank)은 은행이 자본을 축적하듯 민중의 분노를 축적하여 혁명적 사건에 집단적인 에너지로 분출하는 사태를 말한다.(페터 슬로터다이크, 이덕임 옮김, 『분노는 세상을 어떻게 지배했는가』, 이야기가있는집, 2017. 참조.)

◆◆

좀비 영화에서 인간과 좀비, 문명과 야만을 가르는 혹은 인간세계의 마지막 보루의 은유로 자주 등장하는 것이 장벽이다. 대타자의 법의 은유인 이 장벽을 통해 좀비로부터 안전을 꾀하려 하지만 문제는 그 장벽이 무척이나 허약하다는 점이다. 〈워킹데드〉에 등장하는 여러 형태의 장벽 역시 물리적 취약성을 보여주고 있는데, 이는 세계를 지배하는 대타자의 허약성을 보여주는 것이기도 하다. 장벽 밖의 좀비들처럼 충동은 항상 상징계 내부를 응시하고 있으며, 대타자의 법은 실재와의 대면을 저지하기 위해 방어시스템을 작동시킨다. 하지만 진정한 문제는 장벽의 균열처럼 방어시스템 자체의 모순이다. 대타자는 언어로 구조화된 무의식을 통해 외부의 욕망을 억압하려 하지만 그 언어 자체의 모순으로 인해 균열은 항상 내재해 있다. 법의 불완전성이 실재의 침입(증상)을 허락한다. 2016년부터 방연된 미국 드라마 〈기묘한 이야기〉시리즈에는 흥미로운 장면이 나온다. 현실의 공간에 알 수 없는 '구멍'이 존재하며 그곳에서 괴물이 출현하는데, 공교롭게도 이 장면은 정신분석이 말하는 억압이 실패하는 지점이다.

히스테리의 논리학은 불완전함을, 균열을, 즉 통제되지 않는 공백을 출현시키고 그것을 유지하는 구조로 되어 있다. 대체로 여성에게 출현하는 이 증상은 그렇게 욕망 그 자체를 유지하기 위해서 현재 세계의 완결성을 붕괴시킨다. 그런 의미에서 히스테리는 강박증의 논리와 아주 달라 보인다. 강박증은 혼돈과 균열을, 즉 공백의 출현을 억압하고 그것을 통제 가능한 점으로 축소하고, 그리하여 타자의 욕망 자체를 존재하지 않는 것으로 부정하는데, 히스테리는 오히려 공백의 카오스를 적극적으로 반기고 있는 듯 보이기 때문이다. 히스테리 환자의 신체를 통로로 해서 출현하는 온갖 심인성 신체 장애의 증상들은 바로 그와 같은 신체의 공백, 구멍들이다. 이 증상들은 환자의 신체를 통해서 타자를 소환한다. 그리하여 마침내 환자로 하여금 내가 이렇게 아픈 이유는 바로 당신 때문이라고 말하도록 유도한다. 그녀는 "나는 당신의 욕망의 원인인 동시에 또한 결과물이다"라고 말한다. 그녀는 "나는 당신의 불완전성, 당신의 균열, 공백 그 자체이다"라고 말하고 있다.[38]

---

38) 백상현, 『라깡의 루브르』, 위고, 2016, 99쪽.

히스테리는 대타자의 억압이 실패했다는 증거(증상)이다. 견고하리라 믿었던 법의 그물망 한쪽이 끊어졌고, 그곳을 통해 억압당했던 충동이 신체를 통해 출현했을 때, 정신분석학은 이를 증상이라 부른다. 여전히 작동하는 금지의 법은 증상을 고통의 형태로 감각하게 만든다. 하지만 이 고통이야말로 감금되었던 충동의 해방이다. 히스테리증자의 무의식이 증상을 환대하는 이유이다. 그리고 히스테리증자는 이 모든 고통의 근본에 바로 '당신', 즉 대타자가 있음을 주장한다. 즉 나의 고통은 "당신의 불완전성, 당신의 균열, 공백 그 자체" 때문임을 항변하고 있는 것이다. 이렇게 본다면 〈기묘한 이야기〉의 '구멍'이란 라캉이 말했던 '무의식의 간극(공백)'이며, 괴물의 등장은 근본적으로 '나의 것'이었던 충동의 출현이다. 충동이 공백을 통해 고통의 얼굴로 찾아온다는 점에서 그것은 '기묘한 것(uncanny thing)'이 맞다.

◆ ◆

논자들 가운데는 좀비의 한계를 폭력성과 의식 없음에서 찾는 경우가 있다. 다시 말해 폭력성의 끝은 문명의 종말이며 의식 없음은 주체성의 불가능이라는 것이다.[39] 하지만 문명의 종말에 대한 우려는 대타자의 세계에 대한 미련이며, 의식 없음에 대한 걱정은 대타자의 언어만이 의미를 생산할 수 있다는 편견이다.

과연 좀비는 의식(영혼) 없는 영락물零落物일까? 오히려 좀비의 웅얼거림 혹은 비명(괴성)을 의미 없음이 아니라 저항의 언어로 들을 수는 없을까? 요제프 브로이어Josef Breuer의 히스테리 환자이자 독일인 여성 '아나 O'는 사지 마비와 교차성 사시, 시각 장애, 착어증 등 여러 증상을 지니고 있었다. 그녀는 일종의 실어증도 앓고 있었는데, 특정 상황에서 갑자기 독일어로 말을 할 수 없는 것이다. 대신 영어, 프랑스어, 이탈리아어로 말을 하기 시작한다. 브로이어는 증상의 원인을 아나 O가 '부당하게 비난받고 말을 억지로 억눌렀기' 때문으로 보고 있다.[40] 그러나 브로이어는 이에 대해 명증한 근거를 제시하거나 치밀한 분석을 진행하지 않는다. 그냥 그렇

---

39) 이러한 논의로는 김민오, 「좀비영화의 초현실주의적 미학 특성과 의미 연구」,(『인문과학연구』 43, 강원대 인문과학연구소, 2014. 12.)와 최원의, 앞의 책, 그리고 박혜영, 「콜로니얼 좀비의 귀환과 포스트콜로니얼 묵시록의 공포」,(『영미문학연구』 31, 영미문학연구회, 2016.) 등이 있다.

40) 아나 O에 대한 논의는 요제프 브로이어, 지그문트 프로이트, 김미리혜 옮김, 『히스테리 연구』, 열린책들, 2020. 참조.

다는 식이다. 그 덕에 우리는 여기에 어떤 가정(If~)을 덧붙일 수 있다. 만일 '부당한 비난'이 아버지의 비난이었다면, 그리고 비난의 언어가 모국어인 독일어였다면, 그녀의 실어증은 생물학적인 문제가 아닌 대타자의 언어에 대한 저항으로 볼 수 있지 않을까? 이와 유사한 사례가 영화 〈퍼펙트 데이즈〉(2023)에 나온다. 도쿄의 공중화장실을 청소하며 혼자 살고 있는 노인 히라야마는 거의 말을 하지 않는 유사 실어증의 상태이다. 히라야마의 실어증은 그가 스스로 선택한 것이었다. 영화는 실어증의 원인을 매우 암시적으로 제시하는데, 그래도 분명한 것은 '아비'와의 갈등 때문이다. 부유한 삶을 포기하고 소박한 삶을 선택한 것도 아비 때문이다. 히라야마의 언어는 원래 '아비', 즉 대타자의 언어였다. 그의 실어증은 아비의 언어를 포기하겠다는 의지에 다름 아니다. 결국 아나O와 히라야마의 실어증은 대타자의 언어에 대한 거부이자 저항이다.

◆◆

〈랜드 오브 데드〉에는 좀비의 시선을 돌리기 위해 인간이 쏴 올린 폭죽의 불꽃에 매혹당한 좀비들이 나온다.

"좀비들이 불꽃만 보면 넋을 잃거든."

불꽃에 매료된 좀비들은 주술에 걸린 듯 꼼짝 못한 채 불꽃만을 응시하고 있다. 하지만 응시의 주체는 좀비가 아니라 대타자이다. 불꽃에의 홀림이란 화려한 스펙터클에 매혹되어 영혼을 빼앗긴 현대의 소비자처럼 대타자가 욕망하는 것 외에는 시선을 돌리지 못하게 만드는 강력한 주술이다. 그런데 이 주술에 균열을 일으키는 것이 바로 동료 좀비의 웅얼거림이다. 그들은 서로의 웅얼거림을 통해 응시당하는 자에서 응시하는 자로 돌아온다. 〈워킹데드〉 시즌6(1화)에는 엄청난 수의 좀비들이 채석장에서 어슬렁거리는 장면이 나오는데, 여기서 파업 현장을 떠올리는 것은 어렵지 않다. 게다가 엄청난 좀비 무리가 거리를 행진하는 장면은 그대로 시위대와 오버랩된다. 여기서도 그들을 하나의 연대로 묶어내는 것은 그들의 '웅얼거림'이다.[41] 상징계의 언어로는 번역할 수 없는 저 소리들을 중심으로 좀비는 개별적 존재에서 혁명을 향한 연대의 무리가 된다. 의미 없는 기표들의 자동반복

---

41) 〈워킹데드〉에서 좀비들은 인간들이 만든 소리를 따라 움직이는 것으로 나온다. 이는 좀비들의 수동성이나 의식 없음을 지칭하는 것으로 보일 수 있으나 잊지 말아야 할 것은 소리를 따라 거대한 무리를 이루고 이동하는 목적이란 결국 상징계와 그 주체들의 몰락을 향한 연대의 발걸음이라는 점이다.

처럼 들리는 저 웅얼거림은 영화 〈가디언즈 오브 갤럭시〉에 나오는 '그루트'의 언어와도 닮았다. "아이엠 그루트I'm groot" 만을 반복하는 그루트의 언어는 의미를 생산하지 못하는 차이 없는 기표의 반복에 불과하다. 하지만 오직 '로켓 라쿤'만이 그 차이 없는 기표에서 다양하고도 진정한 의미를 읽어낸다. 예수의 말씀이 율법주의 외부를 욕망한 자들에게 들렸듯이, 좀비들의 언어도 상징계의 외부에 서 본 자들만이 들을 수 있는 언어이다. 벤야민Walter Bendix Schoenflies Benjamin의 언급처럼 그들의 언어는 차이의 표시 기호로 전락한 바벨의 언어가 아니라 사물에게 이름(본질)을 부여했던 아담의 언어에 가깝다.42) 이제 좀비들은 그 웅얼거림의 언어를 통해 대타자의 환상에서 빠져나와 혁명을 향한 연대의 길을 간다.

조르주 소렐Georges Eugène Sorel의 입장에서 본다면 좀비의 영혼 없음에 대한 비판은 위선이다. 대타자를 향한 좀비의

---

42) 발터 벤야민은 『언어 일반과 인간의 언어에 대하여』에서 아담의 언어와 바벨의 언어에 대해 언급하고 있다. 아담의 언어는 '사물의 본질'을 드러내는 언어이다. 아담의 명명(이름 짓기) 행위는 단지 다른 사물과의 차이의 표시가 아니라 그 사물이 지닌 내재적 본질을 가리키는 사건이다. 하지만 낙원 추방과 바벨탑 사건 이후 인간의 언어는 더 이상 아담적인 언어의 정신을 구현하지 못하게 되었다. 바벨의 언어는 이제 사물과 사물, 존재와 존재를 구별 짓고 차이를 생성하는 영혼 없는 기호로 전락한다. 벤야민의 언어 이론은 존재의 본질을 상실한 오늘날의 언어를 비판한다는 점에서 주목할 필요가 있다.(발터 벤야민, 최성만 옮김, 『언어 일반과 인간의 언어에 대하여, 번역자의 과제 외』, 길, 2008. 참조.)

폭력이란 "완강한 적을 섬멸할 목적으로 어떤 위선적 관용도 내비치지 않으면서 백일하에 벌어지는 전쟁"[43]이다. 좀비의 "혁명적 긴장이 신체적인 집단적 신경감응"[44]이 되어 그것이 완전히 방전될 때까지 싸우는 이 전쟁이야말로 진정한 종말을 향한 사건이라고 말할 수 있다. 이러한 파국을 일종의 세계의 구원으로 보는 견해가 있다. 즉 거대한 재난처럼 "끔찍한 사건들은 사람들에게서 최악의 것과 함께 최상의 것, 즉 용기와 연대, 공동체를 위한 희생 등을 끌어낸다"[45]는 것이다. 하지만 이러한 종말론은 상징계의 복원에 불과하며 그렇기 때문에 위선이다. 좀비가 출현시킨 종말은 한 줌의 미련도 남기지 않는 완전한 종말이다. 세계의 환상성을 완전히 종식시켰을 때 '시작의 끝'이 아닌 진정한 '끝의 시작'이 가능해질 수 있기 때문이다. 그런 면에서 좀비가 만들어내는 종말의 순간이야말로 시뮬라크르simulacre[46]의 세계를 정지시켜

---

43) 조르주 소렐, 이용재 옮김, 『폭력에 대한 성찰』, 나남, 2007, 386-387쪽.

44) 발터 벤야민, 최성만 옮김, 『역사의 개념에 대하여』, 길, 2015, 167쪽.

45) 슬라보예 지젝, 이현우 외 옮김, 『폭력이란 무엇인가』, 난장이, 2014, 254쪽.

46) 장 보드리야르의 이론으로, 가상과 실재의 구분이 사라지고 오히려 가상이 현실을 구성하는 세계를 말한다. 보드리야르에게 세계는 이미 가상(이데올로기, 기호 등)에 의해 장악되었다. 이 가상의 세계(시뮬라크르) 속에서는 전쟁도 미디어가 생성한 이미지(가상)에 의해 구성된 가공의 사건일 뿐이다.

공백을 응시하는 시간이며 그 폐허 위에서 다시 시작할 수 있는 엑스 니힐로의 시간이다. 〈워킹데드〉 시즌1에는 주인공 릭이 말을 타고 폐허가 된 고속도로를 홀로 가는 장면이 나온다. 공백이 된 도시의 모습은, 유기체처럼 살아 움직이는 듯했던 그곳에 갑작스런 정지가 진입하자 하나의 거대한 정물화를 보는 듯한 착각을 준다. 이러한 정지의 도래야말로 소렐이 말한 "경박한 사회를 훌쩍 넘어서서 새로운 길을 제시하는 의연한 일"이 시작되는 지점이다. 그런 면에서 좀비의 폭력은 사물화된 세계를 구원하는 메시아적 폭력이다.

또 다른 주체의 가능성

초창기와 달리 오늘의 좀비는 매우 다양한 양상으로 변주되고 있다. 호러물에 국한되지 않으며 좀비 역시도 창백하고 무기력한 존재에서 혁명적이며 인간과 감정을 교감하는 등 여러 양태로 변화되고 있다. 좀비의 변주 가능성은 상업적 효과의 극대화에만 그치지 않는다. 좀비의 다양성은 곧 해석의 다양성과 함께 새로이 도래할 미래의 욕망까지도 담보한다. 이렇게 볼 때, 첫째, 좀비는 니체Friedrich Wilhelm Nietzsche의 최후의 인간, 혹은 후기 자본주의의 소비 주체의 표상을 넘어 체제 외부를 욕망하는 각성한 주체로 볼 수 있다. 언캐니의 관점에서 보았듯이 좀비는 우리가 억압해야 할 그 무엇(thing)이었다. 좀비의 속성은 대타자를 위협하는 두려움의 대상이었으며, 그렇기에 반드시 괴물의 형상으로 억압해야 했던 그 무엇이었다. 그런 면에서 좀비를 환대하는 것은 내 안의 또 다른 나 곧 '인간다움의 근본'을 만나는 것이자 상징계 내의 주체가 몰락하는 사건이다. 하지만 이 몰락은 재앙이 아닌 구원의 시작이다. 모든 것의 정지이자 동시에 모든 것이 새로 시작되는 지점, 즉 타자의 욕망에 포섭되었던 존재에서 벗어나 무無에서 새롭게 출발하는 엑스 니힐로의 주체가 등장하는 순간이다.

둘째, 좀비가 보인 감염의 사태는 새로운 윤리적 상황을 제시하고 있다. 좀비의 식인행위는 산 노동의 피를 빠는 뱀파이어의 이기주의적 사랑과는 다르다. 좀비의 식인행위는 감염이라는 사건과 더불어 기독교에서 말하는 이웃-사랑의 전형을 보여주고 있다. 그것은 각성의 시간과 순간을 나누는 것이며 연대의 시작이다. 감염 사건의 핵심은 낭시 Jean-Luc Nancy의 주장처럼 구원이 주체 자신으로부터 발원하는 게 아니라 타자로부터 시작된다는 점이다. 즉 타자가 죽은 내 안에서 일어서고 부활하는 것이다.[47] 그런 면에서 좀비의 어슬렁거림은 연대를 위한 기다림이며, 인간을 향한 공격성은 적극적인 환대의 다른 이름이다.

셋째, 좀비 서사의 종말론적 상황은 새로움을 향한 또 다른 사건의 시작이다. 최근의 양상 중의 하나는 분노하는 좀비의 등장이다. 걸어다니는 좀비에서 달리는 좀비로의 전환은 역동성 외에도 분노라는 감정선을 도입하고 있다. 좀비의 분노는 단지 괴물성을 드러내는 장치에 멈추지 않고 세계의 파국을 앞당기는 촉매제로 쓰이고 있다. 이들의 분노가 가리키는 지점은 도덕법의 장벽에 균열을 내고 마침내 붕괴시키는 사건이다. 상징계의 언어로는 해석되지 않는 좀비들의 웅얼거림과 그들의 연대는 분노와 결합하여 조르주 소렐이 말한 총파업의 양상으로 치닫는다. 좀비들의 분노는 기만적인 가상의 세계를 정지시켜 새로운 길을 제시하는 메시아적 폭력의 은유이다. 좀비의 출현과 이에 대한 대중의 호응은 쾌락원칙과 현실원칙을 왕복하는 소비 주체의 무기력에 대한 비판뿐만 아니라 현실을 넘어서는 대안 주체와 미래의 가능성에 대한 열망이기도 하다.

---

47) 장-뤽 낭시, 앞의 책, 39-40쪽.

III
그렇다면 신은 누가 구원할 것인가?

III

그렇다면 신은 누가 구원할 것인가?

기독교, 자본의 데우스 엑스 마키나

근대로의 진입은 이른바 신성神聖에서 이성理性으로, 주술에서 탈주술로의 전환을 의미했다. 근대는 이른바 신의 죽음을 공식화하는 과정이었다. 마르크스Karl Heinrich Marx와 니체Friedrich Wilhelm Nietzsche 그리고 프로이트Sigismund Schlomo Freud는 각각 경제와 철학, 정신분석의 영역에서 신의 죽음을 선포했다. 이들은 종교적 가이스트geist(영혼)를 근대정신의 법정에 세웠고 유죄 판결을 내렸다. 하지만 신은 결코 죽지 않았다. 존 그레이John N. Gray의 표현을 따르자면 신은 '세속화된 종교secularized religion'의 얼굴로 정치, 경제, 문화 속에 기입하는 방

식으로 근대를 형성했다.[1)]

오늘날 종교의 폐단을 지적하는 것은 결코 낯선 일이 아닙니다. 가깝게는 9.11 테러에서부터 인류 역사 속에서 종교가 일으킨 수많은 전쟁과 학살을 떠올리는 일이 불필요할 정도이다. 세월호 참사를 '하나님의 심판'으로 규정하고, 코로나 팬데믹 상황에서 국가 방역 체계를 방해하던 몇몇 기독교인의 모습은 공분을 넘어서 환멸로까지 확장되었다. 그럼에도 불구하고 종교는 이미 자본 및 정치권력과 자웅동체가 되어 전 지구를 횡단하는 견고한 파생상품이 되었다. 신은 이성 밖으로 추방된 것이 아니라 우리의 삶 속으로 더욱 깊게 들어와 "오늘날 전지구적 자본주의에 가장 들어맞는 이데올로기 형식"[2)]이 되었다.

이제 종교는 롤랑 바르트Roland Gérard Barthes가 말한 '푼크툼 punctum[3)]'을 상실했다. 종교는 더 이상 세속의 장막을 걷어내

---

1) 존 그레이, 추선영 옮김, 『추악한 동맹』, 이후, 2011.

2) 슬라보예 지젝, 존 밀뱅크 저, 배성민, 박치현 옮김, 『예수는 괴물이다』, 마티, 2013, 25쪽.

3) 푼크툼은 라틴어로 '찔린 자국' 또는 '상처'를 뜻한다. 롤랑 바르트는 푼크툼을 스투디움(studium)과 대별하고 있다. 사진작가 케빈 카터의 〈수단, 아이를 기다리는 게임〉에는 기아에 죽어가는 아이를 쳐다보는 독수리의 장면이 있다. 케빈 카터의 이미지는 수단의 내전과 기아라는 방식으로 해석된다. 이처럼 스투디움은 사회적 통용 속에서 이해 가능한 방식으로 이미지를 수용하는 것을 말한다. 반면 푼크툼은 보

사막과 같은 현실을 증거하지 않는다. 그뿐만 아니라 견고한 현실에 간극을 만들어 우리에게 증상(종교적 진리)과의 조우를 선사하지도 못한다. 오늘날의 종교는 사도 바울이 말했던 "두려움과 떨림"[4] 대신 '긍정과 만족'을 전도하는 심리 장치가 되었다. "자아를 최적화하라는 신자유주의의 명령은 시스템에 최적화된 존재가 되라는 명령과 다르지 않다. 종교는 여기서 죄가 아니라 부정적인 사고의 위험성을 경고한다. 기독교의 목사들은 마치 매니저나 모티베이션 트레이너처럼 활동하면서 무한한 성과와 자아 최적화의 복음을 설교한다."[5] 사회 전방위로 개인의 삶과 영혼을 침식해 들어가는 종교는 가장 비이데올로기적인 얼굴로 가장 이데올로기적인 역량을 발휘하고 있다. 이처럼 근대는 신을 추방한 것이 아니라 새로운 얼굴로 재탄생시켰다. 오늘날 종교는 자본주의를 수호하는 데우스 엑스 마키나 deus ex machina[6]를 자임하

편적인 이해를 넘어서는 개인적이며 주관적인 감응이다. 이미지가 상식을 넘어서는 방식으로 강렬한 반응을 자아냄으로써 고정된 인식에 균열(상처)을 내고 진리를 발견하는 사건이다.

4) "그러므로 나의 사랑하는 자들아, 너희가 나 있을 때뿐 아니라 더욱 지금 나 없을 때에도 항상 복종하여 두렵고 떨림으로 너희 구원을 이루라"(「빌립보서」 2:12).

5) 한병철, 『심리정치』, 문학과지성사, 2021, 48쪽.

6) 데우스 엑스 마키나는 고대 그리스 연극에서 비현실적인 방식으로 해결에 이르는 것을 뜻한다. 이른바 '신의 기계 장치'로 번역되는 이 용어는 연극에서 해결 불가능

고 있다. 이러한 상황이야말로 종교의 한계상황이자 '종교의 구원'을 시급히 요청해야 하는 이유가 된다. 그렇다면 종교를 구원하는 주체는 누구이며, 방식은 어떠해야 하는가? 유죄 판결을 받은 가이스트를 재심의 형식을 통해 복원할 모습은 어떠해야 하는가?

이러한 질문을 정면으로 응시하고 있는 영화가 디에트리히 브뤼게만Dietrich Brüggemann 감독의 〈거룩한 소녀 마리아〉(2014)와 폴 슈레이더Paul Schrader 감독의 〈퍼스트 리폼드〉(2017)이다.[7] 두 작품은 모두 종교를 모티프로 하고 있다. 표층에서 볼 때 〈거룩한 소녀 마리아〉가 한 소녀의 죽음의 과정을 예수의 수난에 빗대고 있다면, 〈퍼스트 리폼드〉는 가족을 잃은 목사가 어떻게 극단적 광기로 빠져드는가에 주목하고 있다. 일반적인 종교 영화처럼 신을 찬양하거나 또는

한 사태를 신의 개입으로 해결한다는 의미로써 기중기(machina)를 사용하곤 했다. 에우리피데스의 『메데이아』에서 메데이아는 태양신인 할아버지가 준 마차를 타고 등장한다. 이처럼 데우스 엑스 마키나는 모든 문제를 해결할 수 있는 전지전능함을 가리킨다.

7) 〈거룩한 소녀 마리아〉는 2014년 제68회 에든버러국제영화제에서 학생비평가상을 수상했으며, 같은 해 베를린국제영화제에서 은곰상(각본상), 에큐메니칼 심사위원상을 수상했다. 〈퍼스트 리폼드〉는 2018년에 미국비평가협회, LA비평가협회, 뉴욕비평가협회에서 각본상을, 시카고비평가협회상에서 남우주연상을, 2019년에는 인디펜던트 스피릿어워드, 런던비평가협회, 전미비평가협회에서 에단 호크가 남우주연상을 수상했다. 폴 슈레이더 감독은 마틴 스콜세지가 감독한 〈택시 드라이버〉(1976)의 각본을 쓴 바 있다.

즉물적인 방식으로 신을 비판하는 것과 달리 두 작품은 우리에게 진지하고도 매우 무겁게 종교, 특히 기독교와 신의 구원에 대해 질문하고 있다. 기존의 종교 영화는 신에 대한 양가적인 입장을 견지하면서도 결국의 종착점은 신의 승리였다. 우리가 공의와 사랑의 신에 대해 정확히 이해하고 믿을 수만 있다면 세계는 구원될 것이라는 메시지가 그것이다. 신은 영원한 주인공인 것이다. 하지만 〈거룩한 소녀 마리아〉와 〈퍼스트 리폼드〉는 그러한 답변을 다시 질문의 방식으로 우리 앞에 제시한다. '절대적 특수성'이 거세된 신을 어떻게 제자리에 돌려놓을 수 있는가, 그리고 세계의 구원을 가능케 하기 위해 무엇을 수행해야 하는가를 질문하고 있는 것이다.

평단의 호평과 달리 두 영화에 대한 국내 연구는 두 편 정도이다. 김영룡의 연구는 〈거룩한 소녀 마리아〉에 나타난 '성스러움'을 인류학 및 종교사회학의 관점에서 논하고 있다. 특히 탈마법화, 탈신비화된 시대에서 성스러움의 문학적, 문화학적 현현의 문제에 천착하고 있다.[8] 이철의 연구는 정신분석 관점에서 〈퍼스트 리폼드〉의 주인공 톨러 목사가 주체

---

8) 김영룡, 「성스러움의 토폴로지: 〈거룩한 소녀 마리아〉에 나타난 희생과 성현의 내러티브 연구」, 『독어교육』 63, 한국독어독문학교육학회, 2015. 9., 257-277쪽.

로 거듭나는 과정에 주목하고 있다.[9]

두 영화는 종교라는 공통점을 제외하고는 영향 관계를 파악할만한 점이 전혀 없다. 그럼에도 두 영화는 마치 연작 형태처럼 〈거룩한 소녀 마리아〉에서 보인 신의 몰락이 〈퍼스트 리폼드〉에서 톨러 목사를 통해 재현되고, 궁극적으로 '왜 신이 구원의 대상이 되어야 하는가'라는 물음으로 이어지고 있다. 여기서는 이러한 관점에서 〈거룩한 소녀 마리아〉와 〈퍼스트 리폼드〉의 인물들을 신적 존재로 재해석함으로써 오늘날 숭고와 신성이 거세된 채 구원의 대상으로 전락해 버린 신과 그 신을 구원하기 위해 요청되는 사랑의 혁명성에 대해 이야기하고자 한다.

절대성의 붕괴

〈거룩한 소녀 마리아〉는 14세의 소녀 마리아가 완고한 근본주의 신앙을 가진 어미로 인해 죽음의 과정을 걷는 이야

---

9) 이철, 「주체의 빈곤에서 주체의 충만으로—라깡과 지젝의 관점에서 살펴본 영화 〈퍼스트 리폼드〉에 나타난 주체 문제」, 『현대정신분석』 23 (2), 한국현대정신분석학회, 2021. 8., 47-78쪽.

기이다. 마리아의 가족은 독일의 성 바오로 교회에 적을 두고 있다. 성 바오로 교회는 "제2차 바티칸 공의회 이전의 교리와 소위 '트리엔트 성사'를 고집하는 교단이다."[10] 세속적인 문화를 거부하는 어머니의 영향으로 마리아 역시 어머니의 말씀을 진리로 믿고 따른다. 어느 날 마리아는 호감을 느낀 남학생(크리스티안)에게 성가대 초청을 받지만 어미에게는 같은 반 여자 친구에게 초청을 받았다고 거짓말한다. 하지만 마리아는 사실을 고백하게 되고, 어미는 분노한다. 어미는 마리아의 모든 것이 불만이다. 마리아는 실어증에 걸린 4세 동생의 회복을 위해 자신을 신에게 바치기로 다짐하고 모든 음식을 거부한다. 결국 마리아는 사망하고, 그 순간 동생은 입을 열게 된다. 어미의 울음과 묘소를 찾은 남자 친구를 배경으로 영화는 끝을 맺는다.

영화는 노골적으로 마리아의 삶과 예수의 고난을 오버랩 overlap시키고 있다. 영화의 원제 'Kreuzweg(십자가의 길)'뿐만 아니라 예수의 십자가 사건을 14개의 시퀀스로 나누어 마리아의 사건으로 구성함으로써 마리아와 예수의 생애를 중첩

---

10) 김영룡, 앞의 글, 260쪽.

시키고 있다.[11] 영화 해석에서 빠지기 쉬운 유혹 중의 하나는 예표론typology[12]이다. 이는 마리아의 삶과 죽음을 예수 사건의 변주로 다루어 결국은 예수의 공생애와 동일시하는 것이다. 하지만 이러한 방식은 영화의 핵심을 가릴 뿐 아니라 주제를 비껴갈 위험을 안고 있다. 오히려 이 영화는 예수의 생을 참조하되 보다 급진적이면서 예외적인 사태로 바라볼 때 비로소 새로운 해석에 도전할 수 있다.

영화는 의도적으로 성서 속 인물의 성별을 뒤바꾸고 있다. 비록 복음서의 예수와는 다른 관점이지만 마리아는 분명히 예수의 은유이다. 예수가 여성으로 대체됨으로써 마리아의 어미는 자연스럽게 예수의 아비 즉 '하나님'의 위치에 선다. 성서의 존재를 전도된 성별로 대치시키는 것은 신과 예수로 표상되는 속성과 연관을 가지면서 동시에 구약의 신과 복음서 속의 예수를 다른 각도에서 접근하겠다는 의지이기도 하다.

이 작품의 중핵에는 마리아와 어미의 대립이 자리하고 있

---

11) 영화는 마리아의 삶을 예수의 삶과 병치하고 있다. 영화의 각 장을 '1. 예수께서 사형선고를 받으시다 2. 예수께서 십자가를 지시다 3. 예수께서 기진하여 쓰러지시다' 등의 방식으로 구성하면서 마리아의 사건과 연결시킨다.

12) 신약성서의 인물이나 사건을 구약성서에 입각해서 해석하는 방법론을 말한다.

다. 근본주의자로 형상화되고 있는 마리아의 어미는 '펠릭 마더phallic mother'13)의 표상이다. 말 그대로 '팔루스phallus'를 가진 어미인 그녀는 독재자이자 절대적 권력자로 등장한다. 가족 구성원은 모두 그녀의 '말씀'에 복종한다. 마리아는 물론이고 남편, 아이들, 그리고 보모마저도 그녀의 법(말씀) 안에서 살아간다. 남편은 일종의 거세된 남성성이자 무기력한 존재로, 영화 내내 거의 침묵으로 일관한다. 아내의 기표 속에 완전히 종속된 남편은 침묵으로 아내의 믿음에 동의함으로써 가족 구성원의 복종을 강제한다. 이처럼 어미의 명령, 즉 자신의 뜻에 '복종'을 요구하는 어미의 모습은 '나 외에 어떤 신도 섬기지 말라'는 구약의 신과 닮아있다.

---

13) 정신분석학에서 펠릭 마더는 한 마디로 '전능적인 어미'를 뜻한다. 남근적 어머니로 번역되는 펠릭 마더는 스스로 남근(권력)이 됨으로써 결핍 없는 존재이길 욕망한다. 펠릭 마더는 단지 강한 어머니를 뜻하지 않는다. 그녀는 자식에게 절대적 존재로 표상된다. 그녀는 자식들의 삶에 개입하며 그들의 운명을 좌지우지한다. 한국영화 〈올가미〉(1997)에서 시어머니 진숙(윤소정 분)은 아들에 대한 집착뿐만 아니라 그의 전 삶에 강력한 영향을 미친다. 이를 방해하려는 며느리(최지우 분)를 살해함으로써 자신의 절대성을 유지하려 한다. 이처럼 펠릭 마더는 강력한 권위와 힘을 통해 자식이나 주변 사람들에게 결여 없는 절대적 존재이고자 한다.

◆ ◆

영화가 투영하는 신의 속성은 '무서운 아비'이다. 잘 알려진 것처럼 구약의 신은 분노와 질투의 속성을 지니고 있다. 신의 분노는 물리적 폭력을 수반함으로써 수많은 인간을 살해하고 절멸을 기획하기도 한다. 하지만 〈마리아〉의 어미는 물리적 폭력이 아닌 언표를 통한 폭력, 즉 명령하는 신이자 복종을 강제하는 신이다. 그녀는 유대인들에게 십계명(명령의 기표)을 제정하는 구약의 신처럼 가족들(선민, the elect)에게 법을 제정하고 세우는 무서운 대타자의 모습이다. 그녀의 법은 세속적인 것과의 완전한 결별에 대한 요구이자 명령이며 동시에 모든 것이 그녀, 즉 신의 계획 속에 포함되어 있어야 함을 의미한다. 그녀의 법은 대중가요뿐 아니라 가스펠 성가를 부르는 것도 금지하며, 심지어 학교에서 남녀가 함께 하는 체육활동에 대해서도 극단적인 거부반응을 보인다. 이는 맹목적인 신앙의 부정성을 드러내는 것으로 읽을 수도 있으나 그 근본에는 명령과 복종을 요구하는 신의 질투가 있다. 신의 질투는 약속의 파기 때문이 아니라 계획한 사건에 대한 파열음 때문에 발생한다. 구약의 신이 유대인들에게 자신을 '분노와 질투의 신'으로 명명한 이유도 여기에 있다. 영화 속 어미가 분노하는 지점은 항상 동일하다. 즉 자신의 의도와 계획이 무산될 때이며 그 중심에 항상 마리아가 있다. 아름다운 풍경을 배경으로 가족사진을 남기려는 계획이 틀어졌을 때 어미는 그 책임을 마리아에게서 찾는다. 깨끗한 복장을 원했지만 마리아가 막내 요하네스를 안는 바람에 옷이 지저분해졌기 때문이다(상의에 약간의 흙 자국이 남았다). 게다가 사진을 찍는 순간 막내 요하네스가 울어버린다. 어미는 사진을 삭제하고 치미는 화를 마리아에게 폭발시킨다.

"마리아, 네 덕에 사진도 못 찍고… 참 고맙구나"

이뿐만이 아니다. 가족과의 단란한 저녁 식사를 기대한 어미는 마리아에게 식사 준비를 맡긴다. 식사 준비를 하던 마리아가 친구의 전화를 받는 모습을 본 어미는 약속을 지키지 않았다고 분노한다. 그 전화는 남학생 크리스티안이 마리아를 자신의 교회 성가대에 초대하기 위해서 한 것이었다. 누구냐고 묻는 어미에게 마리아는 여자 친구라고 거짓말을 한다. 그러나 마리아가 식사 도중 자신이 거짓말을 했음을 고백하자 어미는 모든 계획의 방해자로 마리아를 지목하고 분노를 폭발시킨다.

전제적이며 절대적인 권력을 지닌 어미의 아이러니는 그녀의 계획이 언제나 실패한다는 점이다. 행복한 가족사진을 원했으나 사진을 찍는 순간 요하네스가 울어버리고, 요하네스를 안는 바람에 마리아의 옷이 더러워진다. 견진성사 때의 서프라이즈 이벤트도, 또 평온한 저녁 식사의 계획도 모두 실패로 돌아간다. 심지어 어미가 가장 공들여 준비한 견진성사에서 마리아는 신부 앞에서 기절해 버린다. 이는 구약의 신을 보는 것 같다. 아담과 하와를 창조한 목적은 그들의 약속 파기로 무위로 돌아갔다. 타락한 인간세계를 정화하기 위해 대홍수를 일으켰으나 결국 달라진 건 없다. 인간은 여전히 신을 외면하고 있으며 타락의 정도는 날로 더해갔다. 결국엔 자신의 아들마저도 희생양으로 삼았으나 역시 변한 건 없다.

인류의 구원을 위해 자신의 아들을 십자가에 못박기로 결정하고 그렇게 인류를 구원했다고 믿었으나("다 이루었다"), 인류에게 남은 것은 죄로부터의 해방이 아니라 오히려 자신들의 손으로 신의 아들을 죽였다는 죄의식이었다. 이처럼 신이 무언가를 계획하면 반드시 장애가 일어난다. 가족사진을 찍는 순간 막내가 울음을 터트렸을 때 어미의 대사("참, 타이밍도…")는 전지전능한 신의 불완전성이라는 모순적 사태이자 스스로를 한탄하고 후회하는 신의 모습이다.[14] 이렇게 볼 때 구약의 신은 지젝Slavoj Zizek이 말했던 '무능한 신' 그 자체이다. 힘을 지니고 있으나 그 힘은 원하는 방향으로 이어지지 않는다. 그래서 자신의 의도와 계획이 빗나갈 때, 그럼에도 불구하고 인간들이 오직 자신만을 사랑해주기를 바랄 때 나타나는 감정이 바로 분노와 질투이다.

> *"하늘아, 들어라, 땅아 귀 기울여라. 나는 너희들로 하여금 내 백성이 아닌 자들을 질투하게 만들 것이다. 무지한 민족을 돌봐 주어 너희를 분노케 할 것이다."*
>
> - 「신명기」 32:21 -

원래 신이 의도한 질투의 주체는 인간이었다. 신은 이방인을 사랑함으로써 유대인의 질투를 원했던 것이다. 하지만 영화는 질투의 주체를 역전시킨다. 즉 질투를 느낀 것은 인간이 아닌 신 자신이다. 신이 유대인들에게 질투를 일으키려 했던 이유는 말 그대로 사랑의 부재가 가져올 교훈 때문이었

---

14) "땅 위에 사람 지으셨음을 한탄하사 마음에 근심하시고 이르시되 내가 창조한 사람을 내가 지면에서 쓸어버리되 사람으로부터 가축과 기는 것과 공중의 새까지 그리하리니 이는 내가 그것들을 지었음을 한탄함이니라 하시니라"(「창세기」 6:6-7)

다.[15] 하지만 이 "질투의 드라마"[16]를 근본적인 입장에서 접근한다면 진정한 질투의 주인공은 신 자신이다. 의도와 달리 인간이 신을 사랑하고 있지 않기 때문이다. 그런데 역설적이게도 신은 자신에게 질투와 분노를 일으킨 자들을 더욱 사랑한다.

> *"그러나 이스라엘에 대해 말하기를, 나는 순종하지 않고 반항하는 백성에게 종일토록 내 손을 내밀었다."*
>
> - 「로마서」 10:21 -

신은 늘 사랑을 이야기하면서도 불만에 가득 차 있다. 하지만 이 불만이야말로 신 스스로가 인간을 사랑하고 있다고 믿는 유일한 방식이다. 자신을 질투의 화신으로 만드는 자들만 사랑할 수 있다는 것은 신이 사랑한 자들의 이름을 떠올

---

15) 이러한 입장을 그대로 이어받은 것이 바울이다. 야콥 타우베스는 바울의 「로마서」 분석을 통해 바울이 모세와 경쟁하려 했음을 밝히고 있다. 모세처럼 바울도 새로운 민족(공동체)를 세우는 것이었고 그것은 유대인들의 율법주의와 전혀 다른 신앙공동체였다. 바울의 사명은 이방인을 위한 직분이 아니라 유대인에서 이방인으로 넘어간 자로서의 그것이었다. 즉 이스라엘을 질투하게 만들기 위해 이방인을 끌어들인 것이다.(야콥 타우베스, 조효원 옮김, 『바울의 정치신학』, 그린비, 2019, 92-99쪽.)

16) 야콥 타우베스, 앞의 책, 120쪽.

리는 것으로 충분하다.[17] 파스칼Blaise Pascal은 「팡세」에서 "제수이트Jesuits(예수회), 믿음이 약한 사람" 혹은 "단정한 그리스도인들"보다 무신론자들의 허무주의를 더 높이 평가했는데, 이는 신이 사랑하는 대상과 일치한다.[18] 테리 이글턴의 지적처럼 "신의 흥미를 끄는 존재는 성인과 죄인이지 점잖은 교외 거주민처럼 따분한 자들이 아니다." 왜냐하면 죄인이란 "신의 사랑에 관한 비정상적이고 일탈적인 이미지"이기 때문이다.[19]

◆ ◆

그런 면에서 영화 속 마리아는 어미, 즉 신의 질투를 최대치로 이끄는 자이다. 마리아는 신의 계획을 무화시키는 자이자 동시에 누구보다 신의 사랑을 욕망하는 자이기 때문이다.

어머니: 누구니? 새 친구? 얘기하지 않을 거니?

---

17) 최초의 반역자였던 아담과 이브를 에덴동산에서 추방하면서 행했던 신의 조치, 최초의 살인자로 불리는 카인을 대하는 하나님의 모습을 보라.

18) 백상현, 「고독의 매뉴얼」, 위고, 2022. 87쪽.

19) 테리 이글턴, 오수원 옮김, 「악」, 이매진, 2015. 73-87쪽.

마리아: 크리스티안이에요.

어미: 그게 누군데?

마리아: 같은 수업을 들어요.

어미: 요즘 친구들이 많이 생겼구나. 카타리나, 냅킨 치워. 기도해야지. (기도한다) 같은 수업만 듣는데 어떻게 친해졌니?

마리아: 체육 수업 같이 들어요.

어미: 남녀가 같이 운동한다니! 말도 안 돼! 반을 안 바꿔주면 내년엔 체육수업 듣지 마. 차라리 교구회 기숙학교에 가는 게 낫겠어.

마리아: 엄마, 제가 거짓말을 했어요.

마리아와 어미의 대화는 항상 동일한 패턴을 지니고 있다. 어미는 질투와 분노의 기회를 찾고, 마리아는 가장 좋은 분위기 속에서 어미의 계획을 무산시킨다. 어미는 평안한 저녁 식사를 기대하며 기도를 시작한다. 이때 마리아는 자신을 성가대에 초대한 친구가 레베카(여성)가 아닌 크리스티안(남성)이었음을 고백한다. 이 순간 '신께 감사하는 저녁 식사' 계획은 또다시 무산된다. 그런데 마리아의 고백이야말로 사실 어미가 바랐던 상황 아닌가? 대화 초기부터 어미의 언표는 마리아의 외설성을 의심하고 취조하는 형태를 띠고 있었기 때문이다. 어미는 집요하게 마리아의 새 친구에 대해 질문하고 혐의점을 찾는 것에 집중한다. 마리아는 더 이상 죄를 숨길 수 없는 범인처럼 어미에게 고백한다.

"엄마, 제가 거짓말을 했어요."

어미가 기다렸던 것은 바로 이 순간이다. 자신의 의심이 확증으로 드러나자 가족 모두를 보며 자랑스레 말한다.

"내 말이 맞죠? 거짓말한다고 했잖아요."

그리고는 마리아를 윤리적으로 비난한 후 원리주의 입장에서 마리아를 비난한다.

"봐요! 자식이 부모를 속이다니!"
"성가대는 남자애들 만날 구실이었던 거예요."

마리아를 비난하는 어미의 모습은 「욥기」에서 바라겔의 아들 엘리후가 언급하는 신과 겹치고 있다.

> *"하나님은 나를 칠 구실을 찾고 나를 원수처럼 대하시며,*
> *내 발에 쇠고랑을 채우시고*
> *나의 모든 행동을 일일이 감시하신다"*
>
> - 「욥기」 33:10-11 -

 마리아가 "좋은 의도였으나 오해받기 싫어 고백했다"고 했을 때, "좋은 의도였다? 그 태도가 더 건방지구나"라는 어미의 분노는 그대로 욥을 향한 신의 목소리와 다르지 않다.

> *"네가 아직도 전능한 자와 다투겠느냐?*
> *나 하나님을 책망하는 너는 이제 대답하라"*
>
> - 「욥기」 40:2 -

 마리아와 어미가 벌이는 논쟁의 중심은 누가 더 서로를 분노케 하는가이다. 그런데 핵심은 분노의 크기가 사랑의 크기에 비례한다는 점이다. 어미의 분노는 자식에 대한 관심과 걱정의 크기와 비례하며, 반대로 마리아의 행위는 어미를 분노케 함으로써 모든 관심을 자신에게로 집중시키는 효과를 가져온다. 어미의 질투는 결코 만족할 줄 모르는 초자아를 닮았다. 마리아는 누구보다 어미의 말씀을 지키려고 노력하고 있다. 세속의 문화와 단절된 삶을 살고 있으며, 이성에 대한 감정마저도 억압하고 있다. 하지만 어미는 이러한 마리아에게 만족하지 못하고 끊임없이 비난거리를 찾고 모욕 주기를 통해 자식 사랑을 증명하고자 한다. 미국 사회와 기독교 비판으로 유명한 미국의 록 가수 마릴린 맨슨Marilyn Manson의 노래는 신에 대한 전복적 시사점을 제공한다. 앨범 《Antichrist Superstar》(1996)의 수록곡 〈Irresponsible Hate Anthem〉에는 흥미로운 가사가 나온다. 인트로에서 반복되는 "We hate love, we love hate"는 'love'라는 단어의 역설적 배치를 통해 사랑과 증오의 아이러니를 강조한다. 여기서 가사의 주어를 아래와 같이 바꾼다면 우리는 증오를 통해 사랑을, 사랑을 통해 증오를 경험하는 기괴한 신을 만날 수 있다.

"I hate love, I love hate"

◆ ◆

여기서 마리아가 할 수 있는 사랑의 최대치는 바로 거식증이다. 정신분석에서 히스테리 증상은 대타자의 사랑

(jouissance 주이상스)을 호출하기 위한 사건으로 보고 있다. 마리아 역시 누구보다 어미의 사랑을 갈구하고 인정받기를 원하고 있다.

> *"엄마를 화나게 하는 게 두려워요.*
> *화가 나서 더 이상 날 사랑하지 않으면 어쩌죠?"*

하지만 마리아의 방식은 어미가 원하는 방식과는 거리가 멀다. 그녀는 항상 어미를 배반하는 방식으로 사랑을 표현한다. 배반을 통해 사랑을 완성시키는 절정은 거식증이다. 마리아의 거식증은 모든 세속과의 완벽한 단절을 의미하며, 이는 어미의 뜻과 그대로 합치한다. 그런 면에서 마리아의 거식증은 어미가 요청하는 사랑의 최대치이다. 마리아의 행동은 어미의 사랑을 호출하기 위해 "자신의 욕망을 충족되지 않는 욕망으로 제시하는"[20] 히스테리증자의 모습이다. 그녀의 '거식증은 먹지 않는 것이 아니라 공백을 먹는 것, 즉 어미의 사랑을 다시 환기하고자 부정의 방식으로 사랑을 호소하

---

20) 자크 라캉, 맹정현·이수련 옮김, 『자크라캉 세미나 11』, 새물결, 2008. 27쪽.

는 것이다.'21) 동시에 신을 향한 사랑이 곧 죽음의 여정이며, 오직 죽음으로써만 가능함을 보여주는 것이다.

거식증이라는 부정성의 방식으로 어미의 요청을 수행하는 마리아의 모습은 예수에게서도 발견할 수 있다. 예수도 "몸과 마음을 다해 하나님을 사랑"하지만 그것은 하나님의 규율을 파기하는 방식으로 수행된다. 유대인에게 유법은 절대적인 법이다. 하지만 예수는 율법을 무화시킨다. 그는 안식일을 지키지 않으며, 죄인들과 함께 식사하며, 이방인인 사마리아인과 대화한다. 그뿐만 아니라 아버지의 성전을 폭력으로 혼란스럽게 한다. 부정의 방식으로 아비를 사랑하는 예수의 모습은 「마태복음」의 산상수훈에서 극대화된다. 산상수훈의 부정성은 "옛사람에게 말한바~ 그러나 나는 너희에게 이르노니~"(「마태복음」 5:21)의 형식에서 볼 수 있다. 「요한복음」에 따르면 '말씀'과 신은 동일자이다.22) 그래서 로고스인 신의 말씀은 단 한 글자도 수정할 수 없다는 성경무오설이 가능한 것이다. 그런데 예수의 발화 방식("옛사람에게 말한바~ 그러나 나는 너희에게 이르노니~")은 이를 전면적으로 뒤엎고

---

21) 백상현, 『고독의 매뉴얼』, 63-68쪽.

22) "태초에 말씀이 계시니라 이 말씀이 하나님과 함께 계셨으니 이 말씀은 곧 하나님이시니라"(「요한복음」 1:1)

있다. 예수는 아비의 말씀을 옛것, 즉 낡은 것으로 돌리면서 아비의 말씀과 존재를 새롭게 사유할 것을 요구하고 있다.

> 또 눈은 눈으로, 이는 이로 갚으리라 하였다는 것을
> 너희가 들었으나 나는 너희에게 이르노니 악한 자를 대적
> 하지 말라 누구든지 네 오른편 뺨을 치거든 왼편도 돌려
> 대며 또 너를 고발하여 속옷을 가지고자 하는 자에게 겉
> 옷까지도 가지게 하며
>
> -「마태복음」5:38-40 -

'눈에는 눈, 이에는 이'라는 구약의 말씀은 예수에게 와서는 더 이상 진리의 위상을 갖지 못한다. 오히려 예수는 구약의 진리를 비틀어버리고 새로운 진리로서 '사랑'을 정립한다. 타우베스Jacob Taubes의 말에 따르면 "이것은 구약을 능가하기 위한 전략"[23]이지만 한편으론 배반의 방식으로 아비를 사랑하는 예수의 모습이기도 하다. 아비를 사랑하는 문제아가 벌이는 이단적인 행위만큼이나 아비의 관심을 끄는 것은 없기 때문이다.

---

23) 야콥 타우베스, 앞의 책, 97쪽.

"하늘로부터 소리가 나기를 너는 내가 사랑하는 아들이라 내가 너를 기뻐하노라"

-「마가복음」1:11 -

마리아는 어미와 보모 버나뎃의 강력한 요구에도 불구하고 철저하게 음식을 거부한다. 육신의 고통은 극대화되지만 대신에 어미의 사랑을 독차지할 수 있다. 이때부터 어미는 오직 마리아의 안위만을 걱정한다. 하지만 이러한 장면은 궁극적으로 신의 사랑에 도달하기 위한 근본적인 방법이 죽음 외에는 없음을 보여준다. 영원한 불만족의 주체에게 사랑을 확인받기 위해서 할 수 있는 것도 라캉Jacques Lacan이 말한 "사랑이란 내가 가지고 있지도 않은 것을 상대가 원하지 않은 방식으로 주는 것"[24]의 실천, 즉 죽음인 것이다.

하지만 신이 이러한 사랑을 깨닫는 순간은 마리아가 죽음에 이르러서이다.

"우리 딸은 성녀와 같은 삶을 살았어요. 정말 순수하고 깨끗한 아이였죠. 살아있을 때도 그 애가 가장 염려한 건 죄

---

[24] 윤경희, 「아갈마, 사랑과 애도의 메타포―라캉 정신분석과 예술충동에 관한 에세이 파편」, 『불어불문학연구』, 93, 한국불어불문학회, 2013. 3., 197쪽.

를 짓지 않는 거였거든요. 맑은 마음에 항상 예수님의 면 류관을 지니고 있었어요. 그 애를 만나는 사람 모두 순결함에 감동받았죠. 죽음이 헛되지 않도록 확실히 기억할 거예요."

 어미가 장의사에게 마리아를 언급하는 이 장면은 신의 고해성사이다. 결국 신은 "맑은 마음에 항상 예수님의 면류관을 지니고 있었"고 "만나는 사람 모두 순결함에 감동"받도록 행동했던 자에게 질투하고 분노했던 것이다. 신의 질투심을 야기했던 행동이 실은 자신을 향한 사랑의 징표였음을 뒤늦게 깨달은 것이다. 예수 역시 구약의 율법을 전도된 방식으로 해석하면서 아비의 사랑을 전파한다. 하지만 죽음이 임박했을 때 아비는 아들의 바람을 외면한다.

 "이 잔을 내게서 옮기시옵소서"
 "나의 하나님, 나의 하나님 어찌하여 나를 버리셨나이까"

 그리고는 아비를 향한 원망과 함께 숨을 거두자 그때서야 아들이 자신을 사랑했음을 인식한 신은 아들을 죽음으로 몰아넣은 세상을 향해 휘장을 찢고 땅을 흔들고 바위를 터트리는 분노를 표한다. 하지만 이 분노는 "논의하기 쉽지 않은, 더 난해하고 엄숙한 문제"[25]이다. 왜냐하면 신의 분노는 아비를 향한 예수의 원망을 외면하기 위한 것, 다시 말해 모든 원망의 근본 원인이 자신에게 있음을 부정하고 부인하기 위한 회피의 방식이었기 때문이다.[26] 신의 분노가 일종의 부인의 전략임에 대해 체스터턴Gilbert Keith Chesterton은 다음과 같이 언급하고 있다. "이 세계가 흔들리고 하늘에서 태양이 완전히 사라져버렸을 때, 그것은 십자가에 못 박힌 사실을 공격한 것이 아니라 십자가에 못 박혀 내지르는 외침, 즉 신이 신을 저버렸다고 고백하는 그 울부짖음을 공격한 것이었다."[27]

◆ ◆

하지만 영화는 여기에 또 다른 신의 모습, 즉 무능력하고 절망하는 신을 첨가한다. 죽음 직전의 마리아는 마지막으로

---

25) G. K. 체스터턴, 윤미연 옮김, 『오소독시』, 이끌리오, 2003, 261쪽.

26) "예수께서 다시 크게 소리 지르시고 영혼이 떠나시니라 이에 성소 휘장이 위로부터 아래까지 찢어져 둘이 되고 땅이 진동하며 바위가 터지고 무덤들이 열리며 자던 성도의 몸이 많이 일어나되"(『마태복음』 27:50-52)

27) 체스터턴, 앞의 책, 262쪽.

영성체를 요구한다. 세상 것을 거부하는 거식증 환자가 마지막으로 먹으려 했던 것은 바로 신의 은유인 성체였다. 하지만 공교롭게도 마리아는 성체가 목에 걸려 질식사한다. 이 장면은 대단히 상징적인데, 마리아가 가장 강렬하게 갈망했던 성체가 목구멍에 걸렸다는 사태는 프로이트가 꿈에서 보았던 이르마의 목구멍에 걸려 있는 "기이한 주름진 형상에 회백색의 커다란 딱지"[28]를 연상시킨다. 외상("커다란 딱지")과의 조우를 한사코 거부하는 이르마처럼 신이 사랑하는 방식도 이와 같다. 마리아는 속세를 거부하는 방식(거식증)으로 신의 전적인 사랑을 요구한다. 마리아는 성체 먹기라는 행위를 통해 신을 향한 사랑을 증거하려 한다. 하지만 성체가 목에 걸리는 사건은 신의 거부이다. 신은 자신을 배반하는 자만을 사랑할 수 있는 것이다. 기이한 사랑을 요구하는 신에게 사랑의 증표로 죽음을 선사하고 있지만 정작 그 사랑에는 도달할 수 없는 것이다.[29]

이 사건이 가리키는 또 하나는 신의 무능이다. 불가능을

---

28) 프로이트, 김인순 옮김, 『꿈의 해석(상)』, 열린책들, 1997. 160쪽.

29) 여기서 주의해야 할 점은 '죽음으로도 신의 사랑은 얻을 수 없다'가 아니다. 신과의 사랑은 '죽음'이 아닌 다른 방식이 요구된다는 것이며, 이에 대해서는 〈퍼스트 리폼드〉에서 다룰 것이다.

요구하는 신을 향해 다가가는 마리아, 하지만 마리아가 질식으로 죽어갈 때 영화는 신의 무능을 뚜렷하게 부각시키고 있다. 영화는 죽어가는 마리아와 그를 살리기 위해 전력하는 의사와 무슨 상황인지 몰라 멍한 표정으로 죽어가는 자식을 바라보는 어미와 목사를 대조시킨다. (영화는 신의 뜻을 거침없이 설파하던 목사와 어미가 구석으로 밀려나 얼빠진 표정으로 서 있는 모습을 클로즈업한다.) 삼키지도 못하는 마리아에게 딱딱한 영성체를 주고, 목이 막혀 죽어가는 사태 앞에서 신은 무기력하다. 그는 절대적이며 전지적인 힘을 지니고 있지만 죽어가는 마리아를 그저 멍한 표정으로 바라볼 뿐이다. 의사는 방해가 된다며 그들을 밖으로 쫓아내려 한다.

"그걸 주시면 어떻게 해요! 삼키지도 못하는 애한테!"[30]

마리아의 죽음 앞에 어미는 비로소 울음을 터트린다. 자신이 마리아에게 그간 무슨 짓을 했는지 드디어 깨닫게 된 것이다. 무력한 신이 할 수 있는 것은 눈물 흘리기 밖에 없

---

[30] 이 대사는 예수가 유대인들을 향해 했던 말 "저들을 사하여 주옵소서 자기들이 하는 것을 알지 못함이니이다"(「누가복음」 23:34)과 상통한다. 영화는 의사의 목소리를 통해 신이 무능함에 대해 말하고 있다.

다. 어미가 장의사에게 마리아의 순결함과 완전한 삶을 강조할수록 자신의 과오가 드러나는 모순적 상황이 발생한다. 신은 욥에게 만물의 모든 것을 관장하고 결정하는 것이 자신임을 과시한다. 그러나 영화 속 어미는 그러한 힘으로도 죽어가는 자식을 구원하지 못한다. 바울Paul과 마르키온Marcion의 관점에서 볼 때 신은 권능을 지니고 있지만 구원과 관련해서는 아무 능력도 없다. 구원은 오직 그리스도의 영역인 것이다.[31] 마리아가 죽음에 이르는 순간 실어증을 앓던 막내 동생이 드디어 입을 연다. 4살 된 동생은 나지막한 목소리로 말한다. "마리아." 마리아의 죽음이 구원의 역사라는 점에서 그녀는 구원자가 맞다.

결국 어미의 오열이 가리키는 것은 '전지전능하다고 가정된 주체'가 실은 무능하고 무기력한 존재였음의 증명이다. 그동안 아내에게 순종했던 남편은 더 이상 참을 수 없다는 듯이 자리를 박차고 일어난다. 모두가 떠나고 홀로 남겨진 어미는 버림받고, 몰락하고, 절망하는 신이다. 영화는 자식조차 구원할 수 없는 무기력한 신의 모습으로 마무리된다.

---

31) 야콥 타우베스, 앞의 책, 120쪽.

사랑의 혁명성

주지한 바처럼 〈퍼스트 리폼드〉는 〈거룩한 소녀 마리아〉와 기묘한 연접 관계를 맺고 있다. 종교 영화라는 점을 제외하고는 조금도 영향 관계를 찾을 수 없음에도 공교롭게도 이 영화는 〈거룩한 소녀 마리아〉의 서사와 맞닿아 있다. '제일 개혁교회'를 뜻하는 영화 제목인 'First Reformed'는 영화의 주제를 암시하고 있다. 말 그대로 '첫 번째 혹은 최초의 개혁'의 주체(대상)와 방법을 추적하는 서사이다.

영화는 '퍼스트 리폼드 교회'를 아래에서 위로 비추면서 서서히 클로즈업하는 장면으로 시작한다. 일반적으로 이 기법은 대상의 숭고함을 강조하지만, 오히려 여기서는 교회가 주변으로부터 철저하게 고립되어 있음을 부각한다. 텅 비어 있는 주변에 홀로 덩그러니 놓여 있는 교회는 '유폐' 그 자체이다. 200년의 역사를 자랑하고는 있지만, 이는 오히려 고립의 깊이를 강조할 뿐이다. 교회의 목사는 톨러다. 집사와 둘이서 운영하는 교회답게 미사에 참여하는 신자들 역시 손에 꼽을 정도이다. 생기 없는 목소리와 표정으로 미사를 진행하는 톨러는 '관광객을 위한 교회'의 목사에 그치는 것이 아니라 〈거룩한 소녀 마리아〉에서 마리아를 죽음에 이르게 한 후 절망에 빠진 어미(신)의 연장이다. 서사의 연속성은 톨러의 가족사에서도 확인할 수 있다. 마리아의 어미가 마리아를 잃고 나서야 비로소 자신이 무능한 질투의 존재임을 깨닫고 절망하는 신의 은유였듯이, 톨러는 이른바 집안의 '애국적인 전통'이라는 명목으로 "정당성도 없는 이라크 전쟁에 아들을 밀어"넣어 전사하게 만들고, 결국 아내와도 헤어진 채 방황하던 자였다. 그러다 '퍼스트 리폼드 교회'의 후원자이자 '풍성한 삶 교회'의 목사 제퍼스의 도움으로 목사직을 맡고는 있지만 '퍼스트 리폼드 교회' 속에서 유폐된 삶을 살아가고 있는 톨러의 모습은 그대로 자신의 과오로 절망하는 마리아 어미(신)의 연장이다.

영화가 형상화하는 톨러의 모습은 무기력한 신 그 자체이다. 그는 빵을 술에 찍어 먹고, 약을 술에 타 먹을 정도이다. 술 없이는 잠들 수 없는 불면의 나날을 보내고 있는 그에게 주말의 미사는 무의미를 확인하는 시간과 다르지 않다. 참석한 신도들 역시 아무런 감응을 느끼지 못하며, 형식적인 절차를 반복하는 톨러의 시간은 공백에 갇혀버린 우울증자의 모습이다. 카메라가 비추는 그의 침대는 한 번도 쓰지 않은 새것처럼 정갈하다. 하지만 정돈된 침대는 곧 헝클어진 모습으로 바뀌고 그 앞에 무릎을 세우고 홀로 앉아 있는 톨러의 모습은 질서 있는 세계를 계획했으나 결국은 스스로 망쳐버린 세계 앞에 망연자실한 신의 얼굴이다.

영화 초반, 톨러가 일기를 쓰는 장면이 나온다. 자필로 "글자 하나하나에 필체가 드러나고 직접 선택한 단어를 지우고 수정한 기록이 고스란히 남을 수 있도록, 아무것도 숨기지 않고 생각과 일상을 가감 없이 모두 적겠다"는 일기는 "한 사람이 다른 이에게 말을 거는 형식", 즉 신이 영락한 자신에게 건네는 고해일지이다.

"자신에 대해 기록할 때 자비를 보여서는 안 된다"

하지만 1년간 쓴 후 처분하기로 한 계획은 무위로 돌아간다. 자신과 상담했던 마이클이 자살한 날, 톨러는 일기에 "이 페이지는 찢어버릴 것이다. 이 일기는 내게 평안을 주지 않는다. 그저 자기 연민으로 가득할 뿐"이라고 기록한다. 결국 스스로 기획한 이 실험은 실패로 돌아간다. '실패하는 기획'은 마리아 어미에게서 보았던 '전지전능한 신의 무능'이라는 역설적 사태이자 동시에 톨러를 점점 더 유폐와 허무의 세계로 침잠하게 만드는 동인이다.

무기력과 우울의 날들을 보내던 어느 날, 교회 신도인 메리가 찾아와 남편과 상담해 줄 것을 부탁한다. 환경운동으로 구속된 남편이 2주 전에 출소했지만 무기력하게 지낸다는 것이다. 메리의 집에서 이루어진 남편 마이클과의 상담에 대해 톨러는 "야곱과 천사의 싸움"으로 비유하고 있다. 톨러와 마이클 간의 대화 주제는 생태 위기와 존재의 의미이다. 마이클에 따르면, 2050년 해수면이 60 센티미터 높아질 것이며, 지반이 낮은 지역은 물에 잠겨 방글라데시는 국토의 20 퍼센트를 잃을 것이다. 그뿐만 아니라 중앙아프리카는 가뭄으로 수확량이 50 퍼센트 줄어들 것이며, 서양의 저수지가 말라 난민과 전염병이 늘고 심각한 기후 위기가 온다는 것이다. 파국이 임박했지만 그 누구도 관심을 갖고 있지 않다는 것, 그런데 이런 세계에서 아이를 출산하는 것은 자식에게 죄를 짓는 것이라고 믿고 있다.

> *"아이는 희망이 가득하겠죠. 아무런 의심 없이 자신이 살아갈 세상을 믿을 거예요. 그러던 아이가 어른이 되면 저한테 묻겠죠. 이렇게 될 줄 처음부터 알았어요? 그러면 뭐라고 하시겠어요?"*

이 상담이 중요한 이유는 마이클의 담화 내용 모두가 신을 향한 근본적인 질문으로 바꿀 수 있기 때문이다. 마이클이 톨러에게 들려준 딸의 원망("이렇게 될 줄 처음부터 알았어요?")은 프로이트의 '아이가 불타는 꿈'의 목소리와 다르지 않다.

"아버지, 제가 불타는 것이 보이지 않으세요?"

프로이트Sigmund Freud에게 이 꿈이 아버지의 소원성취를 넘어 대타자를 향한 근본적인 원망[32]으로 이어지듯, 태어날 딸의 목소리는 "실제로는 사물의 이후가 아니라 사물 이전에 존재함에도 불구하고"[33] 파국의 시간 속에 침묵과 무관심으로 일관한 신에 대한 원망이다. 이러한 원망은 십자가에 매달

---

32) 라캉은 '아이가 불타는 꿈'에 대해 다음과 같이 설명하고 있다.
"아들은 무엇에 의해 불타고 있는 것일까요? 그것은 프로이트의 위상학 속에 표시된 다른 지점들을 통해 드러나게 될 어떤 것, 다시 말해 프로이트가 오이디푸스 콤플렉스와 결부시킨 햄릿 신화 속에서 짊어진 아버지의 죄악의 무게(가책)에 의해서가 아닐까요? 아버지, 아버지의 이름은 법의 구조를 가지고 욕망의 구조를 지탱하지요. 하지만 키에르케고르Søren Aabye Kierkegaard가 지적했듯이 아버지가 물려준 유산은 곧 아버지의 죄악입니다. 햄릿의 망령이 등장하는 지점은 어디일까요? 아버지가 자신의 죄악이 절정에 이르렀을 때 불의에 목숨을 잃게 되었음을 스스로 밝히는 곳, 그리고 아들의 욕망을 존속케 할 금지들을 햄릿에게 제공하기는커녕 오히려 아버지 자신이 그렇게 지나치게 이상적인 아버지(라는 역할)에 대해 매 순간 깊은 의구심을 갖고 있다는 것을 그 스스로 드러내는 곳이 아닐까요?"(자크 라캉, 앞의 책, 59-60쪽.)

33) 바움 가르트너·고르텐, 이용주 옮김, 『셸링—절대자와 자유를 향한 철학』, 동연, 2013. 234쪽.

려 아비를 원망하는 예수의 목소리와 동일한 의미를 갖는다.

"나의 하나님, 나의 하나님, 어찌하여 나를 버리셨나이까"

강조한 것처럼 마이클의 대사는 모두 톨러, 즉 신을 향한 목소리이다. 마이클의 질문 "주님께서 용서하실까요? 우리가 세상에 한 짓을요." 역시 "신이시여, 당신은 자신을 용서할 수 있겠습니까? 당신이 이 세상에 한 일에 대해 말이에요."이다. 즉 '당신은 희망과 기쁨으로 세계를 창조했다. 세계와 피조물이 당신이 원하는 방향과 모습으로 나아갈 것이라 믿었겠지만, 불가능한 사랑만 요구하다 결국엔 파국적인 사태에 이르렀다. 이제 당신은 자신이 "세상에 행한 짓"에 대해 용서할 수 있겠는가'이다. 신의 절대성을 강조한 셸링Friedrich Wilhelm Joseph von Schelling에게 '세계발전은 신의 자기전개'이다. 그래서 "시작을 만들어"내는 신은 "선행하는 것들을 스스로 뒤이어 나타나는 것들의 근거"로 격하시킴으로써 절대자로 존재한다.[34] 그렇기 때문에 토마스 아퀴나스Thomas Aquinas의 말처럼 신은 자기 밖에 있는 것은 아무것도 보지 않

---

34) 위의 책, 201-234쪽.

는 것이 아니라 "자기 밖에 있는 것을 자기 자신 안에서 본다."[35] 그런데 문제는 세계를 자신 안에서 인식해야 하는 신이 질투와 도그마에 빠져 실패를 거듭하고 무기력에 빠져 있다는 것이다.

말문이 막힌 신이 할 수 있는 것은 대화의 주제를 바꾸는 것이다. 톨러는 자식을 잃고 아내마저 떠나버린 이야기로 화제를 바꾼다. 하지만 연민을 기대했던 톨러의 불행한 가족사는 마이클에게 위안이 되지 않는다. 상담의 위계는 역전이 된다. 대화가 진행될수록 오히려 톨러는 내담자의 위치로 격하되고 있다. 톨러는 마이클과의 대화를 천사와 씨름하는 야곱에 비유했지만 정작 이 싸움의 승자는 톨러가 아니었다. 톨러는 "모든 문장, 모든 질문, 모든 대답에 진땀을" 빼야 했다. 하지만 "엎치락뒤치락하는 싸움"에 "아주 즐거웠다"고 고백한다. 이 즐거움은 고통의 변증법이다. 알코올 중독자에게 술은 육체적 고통과 영혼의 만족을 안겨준다. 그들이 술을 마시는 이유가 여기에 있다. 술로 인한 고통의 감각이야말로 무기력했던 그들에게 살아있음을 일깨워 주기 때문이다. 신도 마찬가지이다. 신의 잘못을 추궁하고 원망하는 목소리야

---

35) 토마스 아퀴나스, 정의채 옮김, 『신학대전 2-하느님의 생명』, 바오로딸, 2022, 207쪽.

말로 무기력 속에 유폐되어 있던 신에게 그가 한때 "유일한 전일자"[36]였음을 느끼게 해준다.

마이클이라는 '자기 밖의 것'에서 발생한 감각은 일회성이 아닌 '전이'라는 사건으로 나아간다. 마치 분석가의 언어가 내담자의 무의식에 균열의 계기를 마련하듯, 마이클의 언어는 욕망의 원인(대상a)[37] 또는 율법 안의 유대인들을 흔들리게 했던 예수의 말("들을 귀 있는 자들은 들으라")처럼 톨러의 내면과 존재를 흔든다. 자살한 마이클의 노트북을 통해 톨러는 기후와 생태위기가 임계점에 달했음을 깨닫게 된다. "주님께서 용서하실까요?"라는 마이클의 말은 이 사태의 책임이 인간만이 아닌 종교, 즉 신의 차원으로 전이됨을 시사한다.

마이클: 목사님은 순교를 믿으세요?
톨러: 무슨 말인지 모르겠군요.
마이클: 성인들 있잖아요. 믿음을 굽히지 않았던 초기 기
 독교인이요. 주님의 땅에서 공격당한 선교사들이

---

36) 바움 가르트너·고르텐, 앞의 책, 258쪽.
37) 대상a는 흔히 소타자로 번역되기도 한다. 지금은 억압되어 버린, 즉 유아 시절 부모와 누렸던 근본 쾌락(실재, 주이상스)의 파편으로, 실재를 향한 욕망의 동력이자 동시에 인간의 근본적 결핍을 의미한다.

위대한 목적을 위해 죽었다고 생각하세요?

톨러: *그렇습니다.*

마이클: *자연을 지키려던 운동가들이 매주 죽어 나가고 있어요. 믿음을 지키려다가 작년에만 117명이 죽었죠.*

마이클에게 환경운동가들의 죽음은 종교적 순교와 다르지 않다. 우선 기독교인과 환경운동가 모두 믿음을 위해 목숨을 잃어야 했다는 점, 게다가 기독교인들이 종교의 파국을 막기 위해서 였듯이, 환경운동가들 역시 지금 아니면 "파괴된 환경을 되돌릴 수 없다고" 믿었기 때문에 목숨을 바쳤다. 무엇보다 이 세계는 신의 작품 아닌가? 따라서 신의 창작품을 지키고 보존하기 위한 행위였다면 이들 역시 순교자라 불러야 하는 것 아닌가? 마이클도 자살(경고)의 방식을 통해 순교에 동참한다.

◆ ◆

남편의 자살 후 메리는 저녁에 톨러를 찾아와 가끔 남편과 함께 행하던 '신비한 마법 여행'을 부탁한다. 누워있는 톨러의 몸 위로 메리가 엎드려 최대한 몸을 밀착시킨 후 두 손을 마주 잡고 호흡과 눈을 맞춘다. 이 기묘한 행위가 마법 여행인 것은 이것이 환상의 형식을 띠고 있기 때문이다. 매우 성적인 또는 주이상스를 연상시키는 이 장면의 중요성은 환상과 실재가 역전되는 데 있다. 두 사람 간의 완전한 일치와 함께 시작되는 환상여행은 우주에 함께 떠 있는 것에서 시작하여 눈 덮인 산을 지나 아름다운 산과 강 위를 날아가는 장면으로 이어진다. 이때 톨러는 고개를 돌려 순수했던 세계를 보고 미소를 짓지만, 곧 절망하는 표정과 함께 다시 고개를 돌린다. 끝없이 이어지는 쓰레기와 공장의 매연, 생명력이 사라진 대지와 바다는 곧 자신이 창조한 순수성이 자신으로 인해 붕괴되었다는 진실과의 마주침이다.

이 사건이 환상의 형식을 도입해야 했던 이유는 진리의 출현이 "그것을 형성하기 위해서 환영을 통과하는 여행의 시간을 필요로"[38] 했기 때문이다. 유신론에서 현실은 하나의 환영일 뿐이다. 종교는 현실의 비실체성을 강제함으로서 초

---

[38] 지젝은 헤겔의 '절대적인 앎'이 바로 이러한 환상을 요구하고 있음을 지적하고 있다. 절대적인 앎은 오직 진리에 나타나는 거짓 외양의 내재성이라는 배경에 의해서만 파악될 수 있다. 환영을 버리는 순간 진리 그 자체는 상실하고 만다는 것이다. 결국 환상(억견doxa)은 지식의 구성적인 부분이며, 이것이 진리를 시간적이며 사건적인 것으로 만드는 것이라고 보고 있다.(슬라보예 지젝, 정혁현 옮김, 『분명 여기에 뼈 하나가 있다』, 인간사랑, 2016, 307-308쪽)

월적 세계의 실체성을 확보할 수 있었다. 하지만 영화는 이 비실체성, 이른바 환상이야말로 진리를 구성할 뿐만 아니라 진리 전개의 핵심적인 요소임을 말하고 있다. 라캉이 말했듯, 우리가 실재라고 믿고 있는 현실이야말로 대타자의 언어가 구성한 환상이라는 것, 따라서 이 환상을 횡단해야만 우리는 비로소 현실의 맨얼굴을 볼 수 있다는 것이다. 우리가 "오로지 꿈을 통해서만 이 견고한 중핵인 실재에 접근할 수 있는 것"[39]도 이 때문이다. 톨러가 환상 속에서 본 끝없이 이어지는 쓰레기와 공장의 매연, 생명력이 사라진 대지와 바다라는 참혹한 현실이야말로 폐허가 된 현실의 참모습이다.

세계의 실재를 마주한 신이 할 수 있는 일반적인 방식은 두 가지이다. 하나는 세계의 정화이다. 다시 세계를 순수성이라는 원점으로 되돌리는 것이다. 또 하나는 세계의 폐기이다. 죄악된 것들을 심판하고 새로운 세계를 정립하는 것이다. 하지만 유폐되고 자학 속에 빠져 있는 신이 택한 것은 자기 파멸, 즉 신의 자살이다. 톨러는 마이클의 자살폭탄용 조끼를 응시한다. 톨러가 자살폭탄 테러를 감행하기로 결심하는 장면은 순교자를 연상시킨다. 그의 결심을 이끌어 낸 것

---

39) 슬라보예 지젝, 이수련 옮김, 『이데올로기의 숭고한 대상』, 새물결, 2021, 92쪽.

은 요한계시록의 말씀이다.

> *"주님을 공경한 이들은 대소를 막론하고 상을 받을 것이며 땅을 어지럽히던 자들은 멸망할 것이다."*
>
> -「요한계시록」11:18 -

 땅을 어지럽힌 주범은 종교와 정치 그리고 자본과 결탁한 자들이다. 영화는 그 핵심에 종교와 자본이 있음을 강조하고 있다. '풍성한 삶 교회'는 5천명 이상을 수용할 수 있는 초대형 교회이자 지역의 에너지 기업 '바크'(공교롭게도 이 기업의 로고가 남녀의 성행위를 연상시키는 69의 형태를 띠고 있다.)에 후원금을 내고 있다. 톨러가 '풍성한 삶 교회'의 목사 제퍼스와 기후위기로 논쟁할 때 제퍼스는 이렇게 말한다.

> *"주님의 일에 무엇이 필요한지는 아나?*
> *이만한 교회를 꾸리려면 뭐가 필요한지 아느냐고?"*

 제퍼스의 말은 정직하다. 주님의 일을 하는 데는 돈이 필요하고 이를 위해서는 자본과 화해해야 한다는 말은 그대로 프로테스탄티즘protestantism이 출발하던 논리와 일치한다. '풍성한 삶 교회'의 벽면에 붙어있는 말씀("더욱 풍성히 얻게 하고자 왔다"「요한복음」 10:10)은 바로 오늘날의 교회가 추구하는 목표이다. 자본주의 사회에 기독교가 필요한 이유는 현실의 불안과 걱정에서 벗어나 보다 안전한 쾌락을 제공해 주기 때문이다. 기독교는 더 이상 죄의식을 요구하지 않는다. 그것은 예수님의 십자가 사건 속에서 모두 해결된 것이다. 그러니 모든 죄가 씻겨 나간 너희들은 마음껏 "풍성한 삶"(쾌락)을 위해 살아갈 수 있으며, 예수 역시 이를 "더욱 풍성히 얻게 하고자 왔다"라는 도착적 해석이 가능한 것이다.[40]

담임 목사 제퍼스가 전하는 복음의 메시지는 실상 불안의 전도이다. "자본주의 시대의 고유한 정신병"인 불안과 걱정이야말로 자본주의가 가장 환영하는 감정이자 동시에 "탈출구 없음의 죄의식을 나타내는 지표"[41]이다.

---

40) 도착적 해석의 또 다른 양상은 바울이 「고린도전서」(7:29-32)에서 말한 '~이 아닌 것처럼'에서도 볼 수 있다. "메시아적 생의 공식이며, 크레시스(소명)의 최종적인 의미"(아감벤, 강승훈 옮김, 『남겨진 시간』, 코나투스, 2008, 47쪽.)로 해석되는 바울의 말은 오늘날 일상생활 속에서 현실의 쾌락을 긍정하고 무신론자들과의 불필요한 마찰을 줄이기 위해 기독교인들이 선택하는 방식이 되곤 한다. 즉 일상에서는 '기독교인이 아닌 것처럼', 교회에서는 '기독교인인 것처럼'의 모습 말이다.

41) 발터 벤야민, 최성만 옮김, 「종교로서의 자본주의」, 『역사의 개념에 대하여 외』, 길, 2012, 125쪽.

> *우리는 정말로 자유롭고자 하는 것일까? 우리는 자유롭지 않아도 되려고 신을 발명하지 않았던가? 신 앞에서 우리는 모두 빚(Schuld, 이 단어는 죄를 의미하기도 한다-옮긴이)을 진 존재다. (중략) 자본은 우리를 다시 채무자(죄인)로 만드는 새로운 신이 아닐까? 발터 벤야민Walter Benjamin은 자본주의를 종교로 파악한다. 자본주의는 "죄를 씻기는커녕 오히려 빚을 지우는 제의를 벌이는 최초의 사례"다. 죄를 씻을 길을 알지 못하는 엄청난 부채 의식은 빚을 갚기 위해서가 아니라 빚을 보편화하기 위해서 제의에 의존한다.*[42]

기독교는 불안을 심리의 차원에서, 그리고 100대 환경오염 유발 기업인 '바크에너지'는 경제의 차원에서 치유 가능하다는 희망을 전도한다. 종교가 불안을 팔고, 기업이 불안을 해소시킬 수 있다는 새로운 복음의 유통과정이야말로 종교와 자본의 환상적 콜라보이다. 이러한 그들에게 톨러는 자본과 종교의 협력을 이해하지 못하는 현실 부적응자로서의 신이다. 목사 제퍼슨은 이렇게 말한다.

---

[42] 한병철, 앞의 책, 18-19쪽.

"현실을 모르는군. 너무 몰라. 자네는 항상 이상향에 있어."

톨러는 오늘날 종교의 존재 이유와 생존 방식을 이해하지 못하는 신이자 스스로 폐기한 옛 약속(구약)에 얽매여 당위만을 외치는 신의 은유이다. 종교마저 자본에 포섭되고 이익에 지배받는 세계에 포위된 신은 무능력해질 수밖에 없는 것이다.

"미래의 아이들과 자연을 보호하자/인간의 탐욕에서 지구를 지켜내자/댐을 무너뜨리고 석유를 거부하자/식물을 보호하고 토양을 보충하자/누가 오염에 맞서 지구를 지키겠는가/누가 지구 대신 떨치고 일어나겠는가/누가 그 거대한 기계를 멈추겠는가/누가 오염에 맞서 지구를 지키겠는가/당신과 내가 함께 시작해야 해"

마이클의 장례식에서 교회 합창단이 부른 이 노래는 마이클의 소망이자 동시에 신을 향한 노래이다. 다시 말해 미래의 아이들과 지구를 지켜야 할 최후의 주체가 신과 인간이라는 것이다.

"당신과 내가 함께 시작해야 해"

이 노래가 흐를 때 톨러의 표정이 비장해진 이유도 이 때문이다. 신은 이미 인간의 탐욕으로부터 세계를 지키기 위해 대홍수를 일으킨 바 있다. 망각한 신神 톨러는 이에 대해 "자신의 피조물을 파괴하고 싶어 하신다고요?"라고 질문한다. '풍성한 삶 교회' 목사 제스퍼는 정답을 알려준다.

> "이미 그러신 적이 있네. 40일 동안 밤낮으로
> 비가 내렸지."

세계의 위기에 대해 신은 인간과 함께 연대책임이 있는 것이다. 그렇다면 절망한 신, 스스로를 공백의 고통 속에 가두어버린 신이 할 수 있는 연대책임의 방법은 무엇일까? 그것은 신의 자멸이다.

톨러는 자살폭탄 조끼를 입고 이렇게 독백한다.

> "하나님의 무기로 완전 무장하고 마귀의 계략에 맞서 싸우라. 우리는 사람에 대항하여 싸우는 것이 아니라 통치자들과 권세들과 하늘에 있는 악의 영들에 맞서 싸우는 것이다."

톨러는 "모든 보존행위는 창조 행위"이지만 "나는 다른 방식으로 기도할 것이다"라며 폭력적인 방식을 선택한다. 톨러는 '퍼스트 리폼드 교회 200주년 행사'에서 테러를 감행하기로 결심한다. 이 행사에는 종교 지도자와 신도뿐 아니라 이 행사를 지원한 바크 기업의 회장도 참석하기로 되어 있다. 표면상 그의 계획은 "믿음을 굽히지 않았던 초기 기독교인"들이 "위대한 목적을 위해 죽었"던 '순교'처럼 보인다. 하지만 톨러의 테러 계획은 마이클의 자살과 달리 순교가 아니다. 마이클의 자살은 자신의 믿음을 톨러에게 '전이'시켰다는 점에서 순교가 맞다. 하지만 톨러의 계획은 '전이'가 아닌 사회적 '공포'라는 측면에서 테러일 뿐이다. 그런 측면에서 톨러의 계획은 라캉이 '행위로의 이행'이라 부른 것과 같다. 충동을 행위를 통해 이행한다는 행위로의 이행은 말이나 사유로는 표현해 낼 수 없는 것이자 견딜 수 없는 극도의 좌절감을 동반하는 것이다. 그래서 이것은 이를 저지르는 자가 무력한 상황에 처해 있다는 증거이자 자신이 처한 상황의 경험을 의미 있는 전체 속에서 위치시킬 수 있는 능력이 없다는 증거이다.[43] 그런 면에서 톨러의 테러 계획은 오히려 종교

---

43) 슬라보예 지젝, 이현우 외 옮김, 『폭력이란 무엇인가』, 난장이, 2014, 119쪽.

와 자본의 결속을 강화하는 '신화적 폭력'[44]이 될 수 있다. 이 슬람 근본주의자들의 테러가 실패하는 이유도 여기에 있다. 그들이 생산한 사회적 공포와 불안은 대중들로 하여금 다시 종교라는 심리 장치의 품속으로 달려가게 할 뿐이다. 따라서 톨러의 계획은 필연적으로 종교와 자본의 결탁을 더욱 공고하게 해주는, 이른바 '신화적 폭력'으로 귀결될 수밖에 없다.[45] 자신을 던져 지구의 위기를 경고하고 자본과 결탁한 종교의 타락을 고발하겠다는 의도가 오히려 종교와 자본을 수호하는 강력한 법으로 정립되고 보존되는 방향으로 나아가는 모습을 우리는 이미 역사 속에서 목도한 바 있기 때문이다.[46]

---

44) 발터 벤야민, 앞의 책, 111쪽.

45) 이는 톨러가 스스로 부정했던 '보존 행위로서의 창조 행위'로 다시 돌아가는 것이다. 그는 "나는 다른 방식으로 기도할 것이다"라고 말했지만 결국 그의 계획은 종교와 기업의 공생이라는 현재의 상태를 보존하는 행위가 될 것이며 뿐만 아니라 종교와 자본의 결합을 새롭게 강화할 수 있는 역설적인 "창조 행위"로 귀결될 수 있기 때문이다.

46) 종교 간의 충돌로 여기는 9.11 테러나 코로나 바이러스로 인한 종교의 폐해는 종교의 위기가 아니라 오히려 순수성이라는 이름으로 종교와 자본의 종합을 강화하는 방향으로 진행되었다. 이와 관련해서는 슬라보예 지젝, 이현우 외 옮김, 『실재의 사막에 오신 것을 환영합니다』(자음과모음, 2018), 슬라보예 지젝, 강우성 옮김, 『펜데믹 패닉』(북하우스, 2020), 슬라보예 지젝, 이수련 옮김, 『이데올로기의 숭고한 대상』(새물결, 2021) 또는 슬라보예 지젝, 강우성 옮김, 『잃어버린 시간의 연대기』(북하우스, 2021)에서 볼 수 있다.

◆ ◆

자살폭탄 테러를 결심한 톨러는 메리에게 200주년 행사에 불참할 것을 당부한다. 그녀의 죽음을 원치 않기 때문이다. 행사 당일 비장한 표정으로 사제복 안에 자살폭탄 조끼를 입고 창가에 섰던 톨러는 당황하기 시작한다. 메리가 오는 것을 본 것이다. 자신의 입을 틀어막고 소리없는 비명을 지르던 톨러는 급히 폭탄 조끼를 벗고 예수의 가시관을 연상시키는 철조망으로 온몸을 휘감는다. 살을 파고드는 고통에 신음하며 톨러는 술잔을 비우고 변기 세척제를 채운다. 세척제를 마시려던 순간 메리가 등장하고 톨러는 놀란 눈으로 그녀를 쳐다본다. 응시의 마주침. 둘은 아무런 대화 없이 격렬한 포옹과 키스를 나눈다. 회전하는 카메라는 이 둘의 끝나지 않는 키스를 비추다 갑작스레 페이드아웃fade out하며 영화를 종료시킨다.

이 문제적 장면의 핵심에는 바로 구원의 주체와 방법에 관한 새로운 해답이 놓여 있다. 톨러의 자살이 신의 자기 파괴의 은유라면, 메리와의 포옹과 키스는 구원의 주체와 방법에 대한 은유이다. 톨러와 메리의 사이에는 언제나 성적인 긴장감이 자리하고 있음을 기억할 필요가 있다. 그들의 만남은 다른 이가 부재한 둘만의 만남이다. 남편 마이클과의 상담을 '부탁'할 때도, 남편의 자살폭탄용 조끼의 처리를 '부탁'할 때도, 남편이 자살한 후 참담한 그녀를 위로할 때도, 자전거 하이킹과 신비한 마법 여행을 '부탁'할 때도, 그리고 마지막 장면에서도 그들의 만남은 항상 둘만의 공간에서 이루어진다. 둘 사이의 빈 공간을 채우는 것은 팽팽한 성적 욕망이다. 메리와 자전거 하이킹을 할 때 톨러는 처음으로 행복한 웃음을 짓는다. 그리고 앞서가는 그녀의 뒷모습을 향한 톨러의 시선은 그녀의 육체에 고정되어 있다. 하이킹을 마친 후 창고에서 둘만의 시간을 가질 때, 그리고 집에서 기도를 부탁하는 메리의 손을 잡을 때도 톨러를 주저하게 만든 것은 성적 긴장감이었다. 이 성적 긴장감이 최고조에 이르러 해방되는 순간은 영화의 마지막 포옹과 키스 장면이다.

영화의 마지막 장면은 이른바 신과 인간의 사랑이다. 신이 자기 파멸을 포기하고 다시 존재의 위치로 부상하게 만드는 힘이 사랑이라는 점, 그리고 그것이 바로 성 충동과 관련 있다는 점은 구원의 주체와 방법으로 이어진다. 라캉에게 사랑이란 언제나 타자의 결핍이라는 전제 속에서만 가능한 사건이다. 인간 메리와 신 톨러의 사랑이 성립하기 위해서, 그리고 이 사건이 신과 세계의 구원으로 이어지기 위해서는 결핍의 대상에 인간만이 아니라 신도 포함되어야 한다. 다시 말해 신이 사랑받으려면 신 스스로가 불완전하고 일관되지 못해야 한다는 것이다. 체스터턴의 주장처럼 "그리스도교는 전능함이 신을 오히려 불완전한 존재로 만든다고 생각했던 종교"[47]이다. 왜냐하면 그리스도교만이 완전한 신이 되기 위하여 왕인 동시에 반항자인 예수를 통해 아버지를 부정했기 때문이다. ("나의 하나님, 나의 하나님, 어찌하여 나를 버리셨나이까.")

> "사랑은 인격을 원한다. 그러므로 사랑은 분리를 원한다. 신이 우주를 여러 조각으로 부수었다는 사실에 기뻐하는 것은 그리스도교의 성향이다. 그 부서진 조각들은 개별적으로 살아 있기 때문이다. (중략) 그리스도교의 '종교적 중심'은 사실 그 중심을 사랑하게 하기 위해 인간을 그 중심의 바깥으로 내던진다. (중략) 그리스도교의 힘은 어떤 이상한 관대함으로 자신의 오른손을 스스로 잘라내어 그 손이 자발적으로 자신과 악수하게 만드는 거인과 같다. 그리스도교 외에 그 어떤 철학도, 신으로 하여금 우주를 분리하여 살아 있는 영혼들로 만드는 것에 기쁨을 느끼게

---

47) G. K. 체스터턴, 앞의 책, 261쪽.

해주지 않는다."48)

    이 분리는 인간만의 분리가 아니다. 분리의 핵심은 신과 인간이 함께 분리되었다는 점이다. 그래서 "인간이 신을 사랑하게 만들기 위해서는 신이 인간을 신 자신에게서 분리하는 것만으로는 부족하다. 신 자체가 이러한 분리가 반영되어 신이 신 자신으로부터 버림받아야 하는 것이다."49) 칼 융Carl Gustav Jung이 "인간이 하느님 때문에 고통받아야 하는 것과 마찬가지로 하느님은 인간 때문에 고통받아야 한다. 그렇지 않으면 둘 사이에 화해란 있을 수 없다."50)고 말한 것도 같은 맥락이다.

    그런데 분리(결핍)가 사랑의 사건으로 전환되기 위해서는 분리된 존재들이 서로의 필요성을 인식해야 한다. 다시 말해 사랑이 하나의 '진리 사건'으로 도약하기 위해서는 신이 창조자라는 고립된 절대성에서 벗어나 자신 안의 타자성을 인식하는 사건으로 확장되어야 한다. 신이 타자성을 인식하는 사

---

48) 위의 책, 251쪽.

49) 슬라보예 지젝, 김정아 옮김, 『죽은 신을 위하여』, 길, 2007, 26쪽.

50) 위의 책, 201쪽.

건이란 바로 인간에 대한 이해, 즉 충동과의 마주침이다. 톨러가 메리와의 사이에서 긴장했던 것은 충동이라는 인간의 타자성을 이해하지 못했기 때문이다. 충동이야말로 인간의 개별성과 고유성을 지배하는 근본 원인이다. 동시에 그 충동은 분리된 신에게도 내재되어 있었기에 메리와의 관계 속으로 끌어당기는 중력장 역할을 하고 있었던 것이다. 이것이 한때 불륜 관계였던 에스더와의 차이점이다. 에스더는 끊임없이 톨러에게 사랑을 요구했지만, 톨러는 완강하게 거부한다. 그녀에게는 톨러를 끌어당길 충동이 부재하다. 대신 연민과 본능적인 그녀의 구애는 오히려 톨러의 부족함과 실패를 상기시킬 뿐이다.[51] 하지만 메리는 히스테리증자이다. 그녀는 끊임없이 신의 내부를 흔들고 혼란스럽게 만든다. 하지만 이 혼란이야말로 고립되고 유폐된 신을 다시 제자리로 정립시키는 동력이다. 이처럼 타자성에 대한 인식의 공유는 궁극적으로 신이 인간을 찾아야 하는 이유가 된다. "신은 우리가 신 없이 살 수 없는 것보다 더, 우리 없이는 살 수 없다. 우리가 신으로부터 등 돌리는 것은 가능할지라도, 신은 우리

---

51) 톨러는 에스더에게 말한다. "더는 못 참겠어요. 계속 주변을 맴돌며 애정을 바라잖아요. 내 부족함과 실패를 당신이 계속해서 상기시킨다고요. (중략) 당신을 경멸해요. 당신 때문에 생기는 그 감정을 경멸해요. 사소한 걱정이나 하고, 당신은 방해물이에요."

로부터 등을 돌릴 수 없"[52])기 때문이다. 따라서 신은 토마스 아퀴나스가 말한 "제1능동인能動因, 제1산출인産出因"[53])이지만 인간이 신의 원인인 이상 인간 없는 신은 상상할 수 없다.

> *"겁과 두려움 없어지리니 / 영원하신 팔에 안기세*
> *주의 팔에 / 그 크신 팔에 안기세*
> *주의 팔에 영원하신 팔에 안기세"*

마지막 장면에서 톨러와 메리가 격렬한 포옹과 키스를 나눌 때 200주년 행사장에서 흐르던 찬송가의 가사는 구원의 주체가 신과 인간이어야 함을 말하고 있다. 주님의 팔에 안기는 자는 누구인가? 영화는 톨러와 메리가 서로를 부둥켜안고 있는 모습을 강조한다. 구원의 역능puissance을 지닌 예수가 인간이자 신이었듯이 톨러와 메리는 서로가 서로의 팔에 안김으로써 서로를 구원케 하는 존재가 되고 있는 것이다. 그런 면에서 목사 제퍼스의 말("자네는 항상 이상향에 있어")처럼 신은 더 이상 고립무원에서 자족하는 존재로 남아서는 안 된

---

52) 지젝, 밀뱅크, 앞의 책, 63쪽.
53) 토마스 아퀴나스, 앞의 책, 205쪽.

다. 예수가 타락한 세계로 하강한 존재였듯이, 그리고 스스로 이웃이 되어 사랑을 펼쳤듯이, 신은 인간의 이웃이 되어야 한다. 메리의 역할이 바로 이것이다. 죽은 신을 다시 인간의 이웃으로, 욕망의 원인으로 남아주길 끊임없이 '부탁'한 존재가 메리이다.

'부탁'이 사랑이라는 사건으로 전환되면서 영화의 제목 '퍼스트 리폼드'의 의미가 드러난다. 헤겔Georg Wilhelm Friedrich Hegel이 "종교를 그대로 둔 채 부패한 윤리 체계와 그 국가 체제 및 법률 체제를 바꾸는 것은 미친 짓이다. 개혁 없는 혁명은 미친 짓이다."[54]라고 했을 때, 마지막 문장은 이렇게 바꿀 수 있다. '혁명 없는 개혁은 미친 짓이다.' '퍼스트 리폼드', 즉 신이 첫 번째로 개혁해야 할 대상은 바로 자신이며, 이것은 혁명적인 사건이 되어야 한다는 것이다. 그리고 혁명적 변화는 인간과 신이 함께 한 '사랑'으로 가능하다는 것이다.

"당신과 내가 함께 시작해야 해"

---

54) 슬라보예 지젝, 『죽은 신을 위하여』, 9쪽.

◆◆

　영화가 말하는 사랑의 효력은 '변신'이다. 사랑이 '전염병 중에서도 최악의 전염병인 이유는 고유한 본성을 빼앗고 그에게 타인의 본성을 불어넣기 때문이다. 즉 사랑은 "무력해진 나를 스스로 내세우고 관철하는 대신, 타자 속에서 혹은 타자를 위해 나 자신을 잃어버리고, 타자는 그런 나를 다시 일으켜 세워준다." 그런 면에서 사랑은 "둘의 무대다. 사랑은 개별자의 시점을 벗어나게 하고, 타자의 관점에서 또는 차이의 관점에서 세계를 새롭게 생성"시키는 것이다.'[55]

　영화는 이러한 변화가 기독교적 사랑으로의 회귀를 통해 가능하다고 보고 있다. 기독교의 '이웃 사랑'은 불가능을 사랑하라는 요청이자, 아토포스atopos[56]로서의 사랑에 대한 명령이다. 마음과 목숨을 다하여 신을 사랑하듯, 이웃을 네 몸과 같이 사랑하기 위해서는 이해 불가능한 '타자'를 환대할 용기가 요구된다. 사랑에 '충동뿐만 아니라 용기까지' 포함되

---

55) 이 단락에서 언급한 사랑의 논의는 한병철, 『에로스의 종말』(문학과지성사, 2015) 참조.
56) 그리스어로 장소를 뜻하는 'topos'에 부정 접두사 'a'가 붙은 것으로, 고정된 장소나 질서, 범주, 의미 등에 얽매이지 않은 상태를 말한다.

는 이유가 여기에 있다.[57] 환대의 실천은 사랑의 대상을 고정시키는 토포스topos[58]적인 것을 넘어 무한의 아토포스적인 것으로 확장시킨다. 신성과 세속, 계급, 계층, 종교 등을 넘어서는 사랑의 초월성은 예수의 사건이 이미 선취한 것이다. 뿐만 아니라 바울 공동체가 보여줬던 사적 재산의 공동 분배는 자본주의를 넘어서는 또 다른 공동체에 대한 상상을 가능하게 해준다.

그렇기에 인간과 신의 사랑은 벤야민Walter Bendix Schoenflies Benjamin이 말한 구원으로서의 '신적 폭력'과 닮아 있다. 사랑은 신과 인간의 경계를 허물고, 죄를 면해주며, 희생(옛것의 죽음)을 받아들인다. 신적 폭력이 사랑과 유사한 이유는 재화와 법에 대해 파괴적이지 "결코 살아 있는 자의 영혼과 관련해서 절대적으로 파괴적인 건 아니"[59]기 때문이다. 진정한 구원은 신과 인간이 함께 사랑의 혁명성을 인식하고 실천하는 메시아의 시간을 마주하는 데 있다.

---

57) 한병철, 『에로스의 종말』, 83쪽.
58) 아토포스와 반대되는 의미이다. 고정되고 정형화된 것을 의미한다.
59) 발터 벤야민, 앞의 책, 112쪽.

> *"다 이루었다"*
>
> - 「요한복음」 19:30 -

구원된 구원자

루카치Georg Lukács는 『영혼과 형식』 마지막 장에서 "비극은 하나의 놀이이다. 신이 구경하는 놀이이다. 신은 단지 관객일 뿐, 배우들(인간)의 대사와 움직임에는 결코 끼어들지 않는다"고 말했다. 이 비극이 개인을 넘어 인류의 파국이라면, 그래도 신은 이 놀이에 끼어들지 않을 수 있을까? 인간이 부재한 세계는 텅 빈 놀이터일 뿐이다. 신이 또 다른 피조물을 창조한다 하더라도 결과는 다르지 않을 것 같다. 하지만 신이 세계의 주인공인 것만은 분명해 보인다. 라캉도 "종교는 항상 승리할 것이다"[60]라고 말했듯이 어떠한 세계든지 항상 대

---

60) 라캉은 『앙코르』에서 1년 후, 10쪽 정도 되는 만년의 인터뷰에서 종교와 정신분석에 대해 다음과 같이 언급했다.
"정신분석과 종교는 사이가 좋다고 하기 힘듭니다. 한쪽에 이것이 있다면 다른 한쪽에는 저것이 있는 식이지요. 아마 그럴 가능성이 높겠습니다만, 종교가 이긴다면-제가 말하고 있는 것은 진정한 종교입니다. 진정한 종교는 하나밖에 없습니다-그것은 정신분석이 실패했다는 징표입니다. 정신분석의 실패는 매우 당연한 것입니다. 그도 그럴 것이 정신분석은 매우 상대하기 힘든 무엇인가와 씨름하고 있으니까요.

타자는 상정될 수밖에 없다는 점에서 세계의 주인은 신이 맞다. 하지만 인간이 더 이상 신을 사랑하지 않는다면, 이 세계에서 신은 외로운 주인공일 뿐이다. 세계는 신을 주인공으로 한 비극의 놀이터가 될 것이다. 신이 주인공의 운명이라면, 그리고 이 세계가 언제나 대타자를 요청해야 한다면 우리는 무기력한 우울증에 빠져버린 주인공을 다시 영웅의 좌표 속에 정립시켜야 한다는 결론에 이르게 된다.

영화 〈거룩한 소녀 마리아〉와 〈퍼스트 리폼드〉는 이러한 가능성에 대해 진지한 질문을 던지고 있는 영화이다. 전제적 폭군의 모습으로 인류의 아비가 되고자 했던 구약의 신은 더 이상 매력 있는 아비의 상이 아니다. 후기 자본주의는 보다 세련되고 근사한 아비를 원하고 있다. 예능 프로그램 〈슈퍼맨이 돌아왔다〉처럼 오늘날은 자애롭고 능력 있는 아비를 요구하고 있는 것이다. 오늘날 '교회'의 목사가 바로 자본주의적 신의 모습, 즉 자애로운 아비의 귀환 아닌가. 도태되는 무자비한 구약의 아비 저편의 또 다른 신 예수도 처지는 다르지 않다. 예수가 말한 전지구적 사랑은 종교 공동체 간의 편

정신분석은 종교에게 이길 수 없을 것입니다. 종교는 강하니까요. 정신분석은 상대가 안 됩니다. 살아남느냐 마느냐지요."(사사키 아타루, 안천 옮김, 『야전과 영원』, 자음과모음, 2016, 216-217쪽에서 재인용)

협한 상호부조로 전락해버렸다. 그뿐만 아니라 소수자를 향한 절정의 증오심을 신에 대한 믿음의 강도로, 인식의 경직성을 믿음의 강직성으로 오인하고 있는 것이 오늘의 종교이다. 구약의 신과 복음서의 예수가 요청되는 순간은 종교가 자본과의 기묘한 동거를 위할 때뿐이다. 자본과 권력의 줄에 매달린 꼭두각시 신세이지만 신은 연명을 위해 이 굴욕을 견디고 있다. 마치 영화 〈조커〉의 아서 플렉처럼 비굴한 웃음을 띠고 있는 우리의 신을 다시 '조커'의 좌표에 위치시키고, 전지구적 사랑의 아비로 돌아오게 하는 방법은 무엇일까.

영화 〈거룩한 소녀 마리아〉와 〈퍼스트 리폼드〉는 그 방법으로 신의 물질성을 말하고 있다. 지젝은 "진정한 변증법적 유물론자가 되기 위해서는 기독교적 경험을 거쳐야 한다"[61]고 말했는데, 이 명제가 참이라면 그 역도 참이어야 한다. 즉 진정한 기독교인이 되기 위해서는 유물론적 경험을 거쳐야 하는 것이다. 두 영화가 말하는 신의 물질성이란 절대적 관념의 존재가 아닌 우리와 같이 숨 쉬고 사랑하는 타자로서의 신, 즉 합리적인 인과관계 속에서 객관적인 분석이 가능한 존재로서의 물질성이다. 이는 신을 인간의 이해 속에

---

61) 슬라보예 지젝, 『죽은 신을 위하여』, 11쪽.

가두는 것이 아니라 공존의 가능성을 묻는 실천이다. '오직 예수'라는 명사적 존재가 아닌 '네 이웃을 사랑하라'라는 동사적 실천으로서의 종교의 위상을 회복하는 것이다.

종교가 숭고와 영성 대신 안락과 만족을 전파하는 현재의 상황은 종교의 위기와 함께 다시금 종교의 존재 이유를 묻게 한다. 이러한 상황에서 〈거룩한 소녀 마리아〉와 〈퍼스트 리폼드〉는 오늘날 종교의 존재 이유와 세계의 구원 문제를 정면으로 질문하고 있다. 〈거룩한 소녀 마리아〉는 예수와 하나님을 마리아와 그녀의 어미로 은유하고 있다. 여기서 어미는 절대적 권력을 지닌 분노하고 질투를 사랑하는 신의 표상이다. 오직 질투를 통해서만 사랑을 표시하는 신과 그러한 신을 만족시키기 위해 거식증이라는 부정적인 방식으로 접근하는 마리아를 통해 신을 향한 사랑은 결국 죽음이라는 사태로만 가능함을 보여주고 있다. 하지만 이러한 과정은 결국 인간을 향한 전지전능한 신의 모순적 사태이자 자신의 무능을 확인하는 과정으로 귀결된다. 〈퍼스트 리폼드〉의 서사는 〈거룩한 소녀 마리아〉에서 신이 자신의 무능을 인식한 이후의 사건으로 볼 수 있다. 스스로 고립과 유폐된 삶을 고집하던 신은 세계의 위기가 자신의 책임임을 인식한 후 자기 파괴라는 방식으로 속죄하려 한다. 하지만 메리와의 만남과 사랑을 통해 신 자신과 세계의 구원은 오직 인간과 신이 함께 하는 '사랑'으로 가능함을 보여주고 있다. 이른바 사랑이 지니고 있는 혁명적인 힘이야말로 쓰러진 신을 다시 일으켜 세우고 세계를 구원할 수 있음을 말하고 있는 것이다.

IV

재난은 어떻게 우리를
어린아이로 만드는가?

IV
재난은 어떻게 우리를 어린아이로 만드는가?

재난의 양가성과 일본의 재난 서사

재난은 양가적인 얼굴을 하고 있다고 말한다. 그것은 분명 비극적인 사태이지만, 그 비극이 오히려 이 사회에 훌륭한 양분을 제공한다는 것이다. 레베카 솔닛Rebecca Solnit의 『이 폐허를 응시하라』는 재난을 "하나의 끝이요, 파괴와 죽음이 절정인 동시에 시작이요, 개방이요, 다시 시작할 기회"[1]로 보고 있다. 그는 1906년 샌프란시스코 지진, 2005년 뉴올리언스를 수장水葬시켰던 허리케인 카트리나를 통해 인간이 두려움과 공포를 이겨내고 세계와 자연, 사회에 대한 재해석과 연대하는 공동체의 가능성을 묻는다. 재산을 지키기 위

---

1) 레베카 솔닛, 정해영 옮김, 『이 폐허를 응시하라』, 펜타그램, 2012, 261쪽.

해 총으로 무장한 자경단이 꾸려지기도 하고, 난민촌에서 온갖 약탈과 성폭행이 일어나고 있다고 미디어가 떠들어 댔지만, 실상은 달랐다고 솔닛은 증언한다. 정전으로 암흑이 된 뉴올리언스의 시민들은 생애 처음으로 은하수를 보게 되는 경이로움을 느꼈으며, 위기에 처한 이웃을 돕기 위해 최선을 다했다. 여기서 그들은 이기적 개인주의를 넘어서는 '사랑의 공동체'를 경험할 수 있었다. 이처럼 재난은 책의 원제 'A Paradise Built in Hell'처럼 지옥 위에 낙원을 세울 수 있는 기회이기도 하다.

반면 나오미 클라인Naomi Klein의 『쇼크 독트린』은 재난에 대한 정반대의 이야기이다. '재난 자본주의'라는 말을 유행시켰던 이 책은 재난이라는 충격이 어떻게 시스템과 개인을 변화시키는지 추적하고 있다. 재난은 개인과 사회에 충격을 준다. 이른바 모두가 멍한 백지상태가 된다. 자본에게 이 재앙은 "멋진 기회"[2]이다. 뉴올리언스 사태가 발생하자 신자유주의 경제학자 프리드먼Milton Friedman은 이를 교육 시스템을 뒤엎는 기회로 활용한다. 공립학교를 폐지하고 영리 추구를

---

[2] 나오미 클라인, 김소희 옮김, 『자본주의는 어떻게 재난을 먹고 괴물이 되는가』, 모비딕북스, 2022, 15쪽. 이 책은 2008년 『쇼크 독트린』이라는 제목으로 출간되었으나 2021년 재출간되면서 제목이 바뀌었다.

부추기고 교육의 양극화를 야기한다고 비판받는 '차터 스쿨(Charter School, 미국의 자율 공립학교)'을 전면적으로 시행한다. 덕분에 노조에 가입되었던 뉴올리언스 지역의 교사들 4,700명은 모두 해고되었고, 일부는 이전보다 적은 임금으로 '차터 스쿨'에 남아야 했다. 스리랑카에 파괴적인 쓰나미가 닥쳤을 때 외국 투자자들과 국제 채권자 팀은 공포 분위기를 이용해 아름다운 해안을 기업에 넘겨 리조트를 건설하게 했다. 물론 마을을 재건하려는 어민들은 제지당했다. 스리랑카 정부는 이렇게 선언했다. "운명의 잔인함 속에서 자연은 스리랑카에 기회를 주셨습니다. 커다란 비극을 극복하고 세계적인 관광명소를 만들 겁니다." 프리드먼과 추종자들은 오랜 시간 철저히 전략을 세우고 완벽하게 다듬은 다음 큰 위기가 닥치기만을 기다렸다. 시민들이 큰 충격에 빠진 사이에 국가의 일부 기능을 사기업에게 매각하려는 것이다. 이러한 변혁은 순식간에 영구적인 것이 된다. 이른바 '재난 자본주의'가 등장하는 것이다.[3]

그렇다면 재난의 또 다른 효과는 없을까? 위기에 응전하는 인간과 자본의 극대화를 노리는 기회 외에 오히려 기존의

---

3) 위의 책, 15-17쪽.

질서와 규범 안에 주저앉히는 효과 말이다. 재난의 충격을 이용해 변화의 욕망을 억누르고 오히려 체제 지향적인 인간을 구성하려는 방식도 충분히 가능하기 때문이다. 우리는 이러한 사례를 일본을 통해 확인할 수 있다.

◆ ◆

일본 대중문화에서 재난은 매우 익숙한 소재이다. 〈일본침몰〉(2006), 〈신고질라〉(2017), 〈252 생존자 있음〉(2008), 〈도쿄 매그니튜드8.0〉(2009)에서 〈스즈메의 문단속〉(2022)에 이르기까지 일본 영화와 애니메이션에서 재난은 파국적 상상력의 주요 소재이다. 짐작하겠지만 일본 문화가 재난을 자주 다루는 이유는 주로 자연재해에 대한 트라우마와 일본인의 의식에 각인되어 있는 '위기의식' 때문이다. 일본인들은 '자연을 불안하게 생각하고 악한 사람들이 살고 있는 이 세상을 불안하게 생각하기 때문에 필연적으로 자연과 세상에 대해 위기의식'[4]을 지니고 있다는 것이다. 일상화된 위기의식은 자연스럽게 재난의 상상력으로 이어지고, 그 중심에 가족

---

4) 홍윤식 편, 『일본문화의 뿌리를 찾아서』, 솔, 2003, 89쪽.

주의가 있다.

재난 서사에서 가족주의는 보편적인 주제이기도 하다. 할리우드 영화 〈2012〉(2009), 〈샌안드레아스〉(2015), 〈월드워Z〉(2012)나 우리의 〈판도라〉(2016), 〈터널〉(2016), 〈부산행〉(2016) 등이 보여주는 가족주의는 가족의 생명과 안전을 위해 고군분투하는 편협한 '가족애' 이상을 넘지 못하고 있다. 이른바 내 가족의 안위와 약간의 휴머니티가 가미된 범인류애적 취향이 혼합된 형태이다. 그것이 실패했을 때의 모습이 〈미스트〉(2007)가 보여준 근친 살해이다. 재난이라는 외적 파국에 절망해 버린 자아가 근친 살해라는 내적 파국을 통해 상황을 돌파하는 아이러니가 그것이다.[5] 이처럼 재난은 파국의 도래이며, 그 파국의 가장 가깝고도 현실적인 대상은 가족일 수밖에 없다는 점에서 가족주의는 재난 서사의 중핵을 이룬다.

---

5) 프랭크 다라본트(Frank Darabont) 감독의 2007년 작 〈미스트〉는 전도된 파국이라 부를 수 있는 영화이다. 다른 차원이 열리면서 괴생명체에게 인류가 위협받는다는 서사는 파국의 시점은 '안개(mist)'에 숨겨진 것이 드러날 때이다. 파국은 외부에서 시작된 것이 아니라 이미 우리 공동체 안에 내재되어 있었으며, 외적 자극에 의해 그것이 깨어나기만을 기다렸던 것이다. 외부의 자극은 봉인을 푸는 주술처럼 우리 안의 재난, 파국을 일깨우는 역할을 하고 있다. 그것은 바로 "타인은 지옥"이라는 사르트르의 명제이다. 진정한 파국이란 타인들과 헤어질 수 없는 상황이다. 〈워킹 데드〉의 진정한 공포는 좀비가 아닌 '타인'임을 가장 잘 보여주고 있지 않은가. 타인을, 타자를 만나지 않을 권리가 사라진 세계야말로 진정한 재난이 아닐까?

하지만 일본의 재난 서사가 갖는 특이점은 응전應戰의 중심에 가족주의를 넘어서는 또 하나의 심급인 전통이다. 대지진과 히로시마 원폭 등 재난의 트라우마가 깊게 각인된 일본인들에게 재난으로 인한 허무주의의 침입을 극복하는 방법은 단지 가족공동체의 보존이라는 협소한 방식에 그치지 않는다. 전통이라는 관념은 협의의 가족주의를 넘어 재난을 사회정치적 담론으로 확장시키는 역할을 담당한다. 이는 할리우드를 비롯해 일반적인 재난 서사에서는 보기 힘든 일본만의 특징으로 보일 정도이다. 특히 일본 재난 서사에서 '전통'은 두 가지의 모습으로 나타난다. 하나는 양태적樣態的 측면에서의 집단주의이며, 다른 하나는 시간적 측면에서의 '과거 지향성'이다.

그렇다면 왜 일본의 재난 서사들은 전통이라는 관념을 배치시키는 것일까? 이러한 질문이 필요한 이유는 일본의 재난 서사가 허구의 영역을 지나 재난에 대한 집단의 기억과 연결되고 있기 때문이다. 실제로 일본의 재난 서사는 가상과 실재가 중첩되는 파타포pataphor적 상황이다. 그래서 영상 속 재난을 실재와 무관한 사태로 치부할 수 없게 만든다. 따라서 일본 재난 서사의 고찰은 허구의 영역을 넘어 전통에 대한 일본의 집단의식을 살피는 탐사가 될 수 있다.

일본의 재난 서사와 관련해 주목할 만한 연구들로는 〈고지라〉와 〈일본침몰〉을 통해 일본의 내셔널리즘nationalism을 고찰한 연구[6]와 동일본대지진과 원전 사고를 배경으로 극영화에 나타난 주체적 개인과 공동체의 중요성을 강조한 연구[7], 그리고 후쿠시마 사건을 정동의 정치로 바라본 연구[8] 등이 있다.

여기서는 두 유형의 작품을 중심으로 살피기로 한다. 하나는 노골적으로 재난을 상정한 호소다 마모루細田守 감독의 애니메이션 〈썸머 워즈〉(2009)와 은유적 차원에서 재난을 다루고 있는 고레에다 히로카즈是枝裕和 감독의 〈바닷마을 다이어리〉(2015), 마츠오카 조지松岡錠司 감독의 〈심야식당〉(극장판)이 그것이다. 이를 통해 일본의 대중 서사가 재난을 어떠한 방식으로 재현하고 있으며, 특히 전통과 집단주의가 어떻게 결합하는지 살피고자 한다. 이는 서사적 해석을 넘어 현실의 재난과 전통에 대한 일본인의 집단의식을 살피는 일이 될 것이다.

---

6) 김려실, 「일본 재난영화의 내셔널리즘적 변용―〈고지라〉와 〈일본침몰〉을 중심으로」, 『일본비평』 7, 서울대학교 일본연구소, 2012. 8.

7) 유양근, 「일본영화가 담아낸 재난의 기억」, 『일본학』 43, 동국대학교 일본학연구소, 2016. 11.

8) 신진숙, 「재난의 상상력과 정동의 미적 정치」, 『인문논총』 75 (2), 서울대학교 인문학연구원, 2018. 5.

현대와 전통의 전쟁

〈썸머워즈〉의 감독 호소다 마모루細田守는 〈시간을 달리는 소녀〉(2006), 〈늑대아이〉(2012) 등을 통해 잘 알려진 감독이다. 〈썸머워즈〉의 줄거리를 간단히 소개하면, OZ는 최첨단 보안기술로 만들어진 사이버 가상 세계이다. 핸드폰, 컴퓨터, 게임기 등으로 접속 가능하며 개인 아바타를 가진 사용자는 쇼핑, 영화, 음악은 물론 현실의 교통, 의료, 소방, 군사, 행정 서비스까지 받을 수 있다. 천재 수학 소년 고이소 겐지는 OZ의 서버 관리 아르바이트로 여름방학을 보내던 중 짝사랑하던 나츠키 선배의 부탁으로 그녀의 고향 마을에 함께 간다. 스물일곱 명에 달하는 나츠키 가족의 관심으로 정신없는 하루를 보낸 겐지는 늦은 밤 수백 개의 숫자로 이루어진 문자메시지를 받는다. 수학 천재답게 겐지가 숫자의 수수께끼를 밤새 풀어 답신을 보내자 다음 날 세상은 지옥으로 변한다. 온갖 미디어는 겐지를 이 모든 재앙의 범인으로 몰아간다. 그가 푼 숫자가 OZ의 보안 시스템을 뚫는 암호라는 것이다. OZ 시스템의 붕괴로 현실 세계는 재난 사태로 치닫고 겐지와 나츠키 가족은 인류를 구하기 위해 나선다.

이야기의 중심은 본의 아니게 겐지가 촉발시켰다고 믿는

OZ 대란이다. 시골 생활과는 무관해 보이는 디지털 재앙은 겐지 외에도 나츠키 가족 몇 명이 깊게 연루되어 있음이 드러나면서 나츠키 가족과 OZ와의 전쟁은 피할 수 없게 된다. 나츠키의 사촌 동생 카즈마가 OZ 세계 격투기 챔피언 아바타 킹 카즈마이고, 이 모든 재앙을 불러온 프로그램 '러브머신'을 개발한 사람이 10년 만에 고향을 찾은 삼촌 와비스케임이 밝혀진다. 무엇보다 교통과 의료서비스 마비로 가족의 정신적 지주인 할머니를 잃게 되자 나츠키 가족은 전쟁의 전면에 나선다.

이 작품의 구도를 알아채는 것은 그리 어렵지 않다. 영화 포스터가 명시적으로 말하고 있듯이, '전쟁', 즉 대결의 구도이다. 이른바 "세상의 운명을 건 여름 전쟁의 시작"이 〈썸머워즈〉의 표층이다.

기본적으로 이 전쟁은 디지털과 아날로그의 대립 구도이다. 디지털은 당연히 OZ로 대표되는 세계의 작동 방식이다. 이미 세상은 일상의 통신에서부터 교통, 병원 등 모든 것이 디지털 운영체계에 의해 움직이고 유지되고 있다. 반면 아날로그의 표상은 나츠키 집안의 전통 가옥과 그 안의 장식물들, 할머니의 전통 복장 등이며, '나츠키'의 고향 나가노 우에다(長野県 上田市)는 실제로도 아름다운 자연환경을 자랑하는 일본의 명소이다. 반면 미국을 표상으로 한 서구적 개인주의는 일본의 집단주의와 대별되며, 문화적으로는 모던과 전통의 대립 구도로 설정되어 있다. 당대의 대중을 포함해 나츠키, 겐지, 와비스케 그리고 가족들 모두 개별적 존재들이다. 하지만 이 사건을 통해 파편화된 개체들이 가족이라는 이름으로 결합하는 순간 그들은 '집단'으로 변신한다. 결국 이 모든 것들은 현대와 전통이라는 구도 속에서 설명된다.

문제는 이 작품이 대중에게 요구하는 기억의 방식과 내용이다. 이 작품의 메시지는 선명하다. 하나의 축이 다른 축으로 모두 빨려 들어가는 형세를 보이는 것, 즉 디지털은 아날로그로, 미국은 일본으로, 개인은 집단으로의 변모이다. 결국은 전통 담론이 현대 담론을 삼켜버리는 형국이다. 여기서 현대라는 축은 모든 갈등의 원인이다. 모두에게 디지털 유토피아를 선사하리라 믿었던 OZ가 실은 세계의 종말을 내재한 괴물이라는 것이다.

'러브머신' 개발자 와비스케, 그는 자신이 단지 프로그래머일 뿐이며 이 사건과의 무관함을 강조한다. 자신은 단지 미군의 주문에 돈을 받고 과제를 수행한 개별 프로그래머라는 것이다. 이러한 가치중립성에는 책임 의식 따윈 존재하지 않는다. 현대성은 개인의 자유와 편리함 그리고 과학적 합리성으로 대표되지만, 이면에는 그 어떤 책임도 질 수 없는 무기력이 상존한다.

결국 이 모든 것의 해결 주체는 아날로그로 표상되는 '전통'이다. 세계의 재앙이 시작되는 지점에서 혼란을 통제하고 질서를 부여하는 역할은 전통이다. 그 선두에 나츠키의 할머니가 있다. 그녀의 문제 해결 방식은 철저히 아날로그적이다. 유선전화기를 사용하고, 낡은 명함 속 인물들과의 인연은 마치 감춰진 성물聖物처럼 엄청난 위력을 발휘한다. 할머니의 대담함과 결단력은 무너져가는 세계에 질서의 가능성을 남겨놓는다. 하지만 그것만으로는 부족하다. 러브머신의 재앙적인 힘을 막아내기에는 할머니 혼자로는 역부족이다.

결국 이 모든 해결의 몫은 구세대가 아니라 신세대이다. 그렇다고 구세대의 역할이 단절된 것은 아니다. 오즈의 원격진료 시스템 오류로 할머니는 사망한다. 비록 할머니는 죽었지만, 할머니의 '말씀'이 남아있다. 할머니의 유언은 단지 죽은 자가 남긴 기표가 아니다. 할머니의 기표는 결코 사라지지 않을 전통의 힘이자 전통적인 일본의 집단정신으로 승화된다.

"일단 진정하거라. 어느 때고 마음이 흔들려서는 안 된다. 장례식은 가족끼리 간소히 치르고, 다들 평소처럼 지내도록 하여라. 재산은 남기지 않지만, 예부터 알고 지내온 분들이 너희에게 힘이 되어줄 거다. 앞으로도 열심히 일하며 살거라. 그리고 … 혹시 와비스케가 돌아오면—10년 전 나간 후 언제 올지 모르지만—혹시 돌아온다면 분명 배가 고픈 상태일 테니 밭의 채소와 포도와 배를 마음껏 먹게 하거라. 그 애를 처음 만난 날이 기억나는구나. 귀가 할아버지와 똑같아서 깜짝 놀랐단다. 밭길을 걸어가면서 이제부터 우리 집안 아들이 된다고 말했더니, 그 앤 대답은 안 했지만 손만은 꼭 잡고 있었단다. 그 아이를 우리 집안 아들로 맞는 내 기쁜 마음이 전해진 것 같았다. 가족끼리는 손을 놓지 말아야 한다. 인생에 져서도 안 된다. 힘들고 괴로운 때가 와도, 변함없이 가족 모두 모여서 밥을 먹거라. 가장 나쁜 것은 배가 고픈 것과 혼자 있는 거란다. 너희들이 있어서 정말로 행복했단다. 고마웠다. 안녕."

가족의 대표가 할머니의 유언을 읽는 이 장면은 작품에서 가장 엄숙하며 의미심장하다. 유언의 메시지는 두 가지로 모아진다. 하나는 타자의 환대이다. 문제아이자 배다른 아이와비스케를 배제하지 말 것, 뿐만 아니라 가족이라는 공동체 안에 품는 것이다. 두 번째는 개인에서 집단적 주체로의 이동이다. "가족끼리는 손을 놓지 말 것, 인생에 지지 말 것, 변함없이 가족이 모두 모여 밥을 먹을 것"은 현대의 파편화된 개인에서 공동체 내의 개인이 될 것을 요구하는 것이다. 말 그대로 '가장 나쁜 것은 혼자 있는 것'이다.

할머니의 유언은 문제 해결의 중심이 가족(공동체)임을 상기시킨다. 해체될 뻔한 가족의 운명이 할머니의 유언을 기점으로 대회전을 이룬다. 돌아온 탕자 와비스케는 할머니의 죽음을 계기로 다시 가족의 품 안으로 돌아온다. 게다가 겐지까지 가족의 영역으로 들어온다. 이제 그들은 더 이상 불안하고 문제를 야기하는 '개인'이 아니라 함께 이 사태를 해결할 강력한 '가족공동체'가 된다. 공동체의 문제는 공동체가 해결한다는 강력한 주문呪文이 작동하기 시작한 것이다. 모두 각자의 몫을 정하고 그대로 행한다. 시행착오도 있지만 시행착오일 뿐이다.

여기서 주인공 나츠키가 전면에 나선다. 나츠키는 세계의 붕괴와 희망을 사이에 두고 러브머신과 일대 전쟁을 벌인다. 전쟁의 방식은 바로 '화투'이다. '고스톱'은 가장 평화적이면서 공정하며 심지어 러브머신마저 유혹할 정도로 매력적인 게임으로 나온다. 판돈은 OZ에 가입된 계정이다. 나츠키는 가족의 계정을 밑천 삼아 게임을 시작한다. 어린 시절부터 할머니와 화투를 쳤던 나츠키, 이 게임은 자신뿐 아니라 인류의 운명이 걸려 있는 세계사적 사건이 된다. 초반의 유리함과 달리 점점 불리하게 진행되다 결국은 판돈을 거의 다 잃어 패배를 눈앞에 둔다. 순간 놀라운 일이 펼쳐진다. 전 세계인이 자신의 계정을 나츠키에게 몰아주는 것이다. 인류의 문제를 해결하고자 일본의 한 소녀가 자신의 모든 것을 희생할 각오로 전면에 나서자 전 세계인 역시 감동 속에 전쟁에 동참한다. 일본의 공동체 의식이 세계인을 감동시키는 순간이다. 결국 전 세계의 응원 속에서 우리의 나츠키는 오광에 쓰리고에 각종 단을 하면서 러브머신에게 '피박'의 무서움을 안겨준다.

모든 계정이 사라진 러브머신은 말 그대로 토이$_{toy}$가 된다. 하지만 전쟁은 이렇게 끝나서는 안 된다. 공동체니까 모든 공을 나츠키에게만 돌릴 수는 없는 법. 게다가 이것은 과학의 문제로 벌어진 일 아닌가! 약화된 러브머신은 인공위성을 할머니의 집에 추락시키려 한다. 와비스케와 겐지는 러브머신이 변경한 위성의 암호를 풀기 위해 안간힘을 쓴다. 겐지가 암호를 풀면 러브머신은 곧바로 암호를 바꿔버린다. 계

속되는 침투와 방어. 점점 가까워져 오는 인공위성. 이때 겐지는 초인적인 힘을 발휘한다. 인공위성 추락이 몇 초 안 남은 시점, 겐지는 연필을 던져버리고 아날로그의 최대치인 '암산'을 시도한다. 엄청나게 많은 숫자들을 눈으로만 계산하던 겐지는 헤겔이 말한 '절대정신'의 영역에 이르자 육체적 한계를 이기지 못해 코피를 흘린다. 하지만 지성이면 감천, 마침내 암호를 푼 겐지는 "오네가이시마스(どうぞ宜しくお願いします)"를 외치며 엔터키를 누른다. 동시에 킹 카즈마의 일격의 옆차기로 러브머신은 소멸한다. 궤도가 수정된 위성은 가옥(전통) 근처에 추락한다. 세상은 다시 평온을 되찾고, 그들은 할머니(전통)를 기억하며 가족의 소중함을 깨닫는다. 그리고 겐지도 이제 엄연한 가족의 일원으로 승인받는다. 나츠키의 입맞춤, 엄청난 양의 코피를 흘리는 겐지. 원래 새로운 집단에 소속되기 위해서는 피를 흘림의 통과제의가 필요한 법이다.

재난 가족과 전통이라는 인장(印章)

〈바닷마을 다이어리〉⁹⁾는 〈태풍이 지나가고〉(2016), 〈집으로 간다〉(2014), 〈그렇게 아버지가 된다〉(2013) 등 섬세한 감수성이 돋보이는 영화를 만드는 고레에다 히로카즈是枝 裕和 감독의 영화이다. 이 작품은 가마쿠라鎌倉市에 사는 고다가コダ家의 장녀 사치, 차녀 요시노, 삼녀 치카가 친부의 장례식에서 만난 배다른 여동생 스즈와 함께 살아가는 이야기를 일기처럼 그리고 있는 영화이다. 이 영화의 기본적인 스토리는 가족의 재구성으로, 부모가 없는(존재하지만 거의 없는 것과 다를 바 없다) 세 자매가 네 자매로 무사히 연착하는 과정이다. 가족의 소중함을 보여주기 위해 감독은 작은 사건들을 파편적으로 배치한다. 말 그대로 일상의 사건들, 예를 들면 함께 음식을 만들며, 함께 마을의 식당을 들르고, 매실을 담그고, 막내

---

9) 〈바닷마을 다이어리〉는 요시다 아키미(吉田秋生)의 만화를 원작으로 한 2015년 개봉한 일본 영화로, 고레에다 히로카즈 감독이 연출했다. 세 자매가 아버지의 장례식에서 이복 여동생을 만나 함께 살아가기로 결정한 후 벌어지는 이야기를 다루고 있으며, 가족 간의 유대와 성장, 일상의 소소한 순간들을 섬세하게 그려내며 따뜻한 감동을 전하는 작품으로 알려져 있다. 세바스티안 국제영화제 관객상, 일본 아카데미상 최우수 작품상, 최우수 감독상, 최우수 촬영상, 최우수 조명상 등을 수상했다.(고레에다 히로카즈, 이지수 옮김, 『영화를 찍으며 생각한 것-고레에다 히로카즈 영화자서전』, 바다출판사, 2017. 404쪽 참조)

스즈의 성장을 지켜보는 등 일상을 나열한다. 물론 거기에는 따스한 서정성과 그것을 담아내는 아름다운 영상이 있다. 이 영화는 마침내 '우리는 가족이다!'라는 선언으로 끝을 맺음으로써 근대 산업사회 이후 가족의 분해와 균열을 드러내고 동시에 봉합하려는 서정적인 영화처럼 보인다.

하지만 이 영화는 재난영화이기도 하다. 서정의 아름다움을 걷어 올리는 순간 바다 마을에서 벌어지는 사건들은 사회적, 개인적 차원을 넘나드는 재난적 상황에 가깝다. 우선 이 영화에는 세 번의 장례식이 나오는데, 이는 개인적인 것에서 사회적으로 의미가 확장된다.[10] 또 〈바다고양이식당〉 아주머니의 갑작스런 죽음과 유산분쟁으로 폐점 위기, 금융난으로 공장을 폐쇄해야 하는 마을의 중소기업 사장, 폭력배에게 협박과 갈취를 당해 차녀 요시노와 헤어져야 하는 알바생, 가장 역할에 대한 강박으로 자신의 삶과 사랑을 송두리째 포기하는 장녀 사치 등 각 개인들에게 발생한 일상적 재난을 기록한 영화이다. 그런 면에서 이 영화는 바닷마을에서 벌어

---

10) "영화에는 세 번의 장례식이 등장합니다. 야마카타에서 진행된 네 자매의 친아버지 장례식, 할머니의 7주기, 그리고 '바다고양이식당'의 점주 니노미야 씨의 장례식입니다. (중략) 처음의 아버지 장례식은 '네 자매'를 위한 장례식이고, 다음에 나오는 할머니의 7주기는 '집'의 장례식이며 식당 주인의 장례식은 마을의 장례식이니…"(고레에다 히로카즈, 앞의 책, 408-410쪽.)

진 '재난 다이어리'이다.

실제로 영화는 초반부터 재난영화임을 숨기지 않는다. 특히 갑작스레 고아가 되어 버린 스즈, 이제 중학생인 소녀에게 가족의 소멸은 그야말로 재난 그 자체이다. 장녀 사치는 15년 전에 가족을 버리고 떠난 아버지의 부음 소식을 듣는다. 사치가 아버지의 장례식장에서 만난 이복동생 스즈는 아버지의 두 번째 부인의 자식이다. 스즈는 현재의 어머니(세 번째 부인)와 이복남동생 사이에 끼인 존재이다. 어디에도 소속감을 가질 수 없는 중학생 스즈에게 마지막 피난처였던 아버지의 죽음은 정말이지 '재난'이다. 드디어 고아 아닌 고아가 되어버린 스즈, 특히 어린 소녀에게 가족의 해체는 그 어떤 재난보다도 현실감 있게 다가오는 강력한 재난이다. 스즈는 어린 나이지만 눈칫밥은 이미 어른 못지않다. 그래서 또래와 달리 예의가 바른 스즈, 큰언니 사치는 왠지 그 아이가 안쓰럽다. 그 유별한 예의 바름과 성숙을 가장한 어두운 표정은 큰언니의 마음을 애잔하게 한다.

"스즈, 우리랑 같이 살래? 넷이서..."

떠나려는 기차에서 큰언니가 내민 제안에 스즈는 잠시 머

뭇거린다. 하지만 이것만이 재난에서 탈출할 수 있는 유일한 길임을 깨달은 스즈는 작은 목소리로 "갈게요"라고 대답한다. 스즈에게는 이 선택만이 고아에서 다시 가족의 구성원이 되는 유일한 끈이다. 하지만 세 자매의 승인이 곧 가족임을 보증하는 것은 아니다. 그들이 함께 살기로 결정하는 것은 이제 가족이 되기 위한 시작에 불과하다. 이제부터 진짜 가족이 되기 위한 험난한 여정이 기다리고 있기 때문이다.

이복동생 스즈에 대한 연민은 그저 흔한 안타까움의 발로는 아니다. 세 자매가 공히 스즈를 가족으로 받아들일 수 있었던 요인은 '노력'이다. 정말이지 사치와 요시노 그리고 치카는 스즈를 가족으로 맞이하고 승인하기 위해 엄청난 노력을 가한다. 그 노력은 바로 연대의 근거를 찾는 것이다. 스즈와 나머지 세 자매가 연대의 고리를 찾는 장면은 고된 노력의 산물이다. 연대의 고리는 '과거의 기억'이다. 아버지의 장례를 마치고 떠나는 그들을 향해 스즈가 뛰어온다. 서랍에서 발견한 아버지의 사진. 거기에는 아버지와 세 자매의 기억이 담겨있다. 여기서 큰언니 사치는 스즈와의 연결점을 찾으려 한다.

사치: 잠깐만, 시간 있니?
스즈: 네.
사치: 이 마을에서 제일 좋아하는 데가 어디야?

스즈가 제일 좋아하는 곳은 마을 전체가 한눈에 들어오는 언덕이다. 스즈가 이 언덕을 가장 좋아하는 이유는 바로 "아버지와 함께 자주 왔"던 곳이기 때문이다. 하지만 이 기억은 스즈와 아버지만의 기억이다. 세 자매와 스즈와의 단절을 깨는, 다시 말해 세 자매와 스즈와의 연결고리를 찾기 위한 첫 번째 노력이 둘째 요시노에게서 시작한다.

요시노: 있잖아, 뭔가 비슷하지 않아?
치카: 맞아! 바다만 있으면 딱 가마쿠라야.
요시노: 그렇지? 진짜 옛날 생각난다.

◆ ◆

공간의 유사성. 마을의 모습은 단지 형태적 유사성에 멈추지 않는다. 공간의 유사성은 아버지를 중심으로 공유할 수 있는 기억의 유사성이다. 아버지와의 기억이 남아있는 유년의 시절이란 사실 크게 다르지 않다. 사치나 요시노, 치카의 유년이란 보편적인 유년의 모습이었을 것이고, 스즈의 유년기 역시 이와 크게 다르지 않다. 실제로 아버지가 해주시던 잔멸치 샌드위치나 낚시를 좋아했던 아버지에 대한 기억은 서로 동일하다. 그리고 이어서 큰언니 사치가 말한다. "스즈 짱, 네가 아버지를 보살펴드렸지?" 잠시 망설이던 스즈는 고개를 끄덕이는 것으로 대답을 대신한다. 간호사가 직업인 큰언니는 장례식장에서 만난 셋째 부인의 '실재(real)'를 알고 있었다. 겨우 옷이나 몇 번 갖다주면서 혼자 병간호를 다 한 듯이 행세했지만, 실제 간호는 어린 스즈가 했다는 것을 그녀는 눈치채고 있었다. 세 자매는 스즈에게 고맙다고 말하고, 스즈는 눈물을 떨군다. 이제 아버지를 매개로 스즈와 세 자매가 공유하고 연대할 수 있는 고리가 형성되기 시작했다. 스즈라는 고립된 섬에 세 자매라는 다리가 생긴 것이다.

그들에게 과거는 단지 지나간 시간에 멈추지 않는다. 과거는 공유와 연대의 근거이다. 이 영화에서는 음식을 먹는 장면이 많이 나온다. 예로부터 음식을 나누는 것은 유대의 시작이었다. 그들은 함께 음식을 나눔으로써 '너에게 적대감이 없어'라는 메시지를 보냈으며, 가족이나 친족은 음식을 통해 서로의 유대관계를 공고히 했다. 그런 의미에서 영화 속

의 식사 장면, 특히 가족 간의 식사 장면은 스즈가 하나의 공동체 일원으로 인정받는 과정이다. 그런데 그들의 식사 장면에는 항상 '과거'가 함께 한다. 그들은 새로운 요리를 내올 때마다 스즈의 반응을 기대한다. 음식을 음미한 스즈가 "오이시이おいしい!"라고 말하면 그들은 그제야 "그렇지?"라며 안도한다. 왜냐하면 그 음식은 할머니와 어머니에게서 배운 음식이기 때문이다. 잔멸치 덮밥은 아버지가, 어묵 카레는 할머니가, 그리고 해산물 카레는 요리하기를 싫어하는 엄마가 음식을 빨리 만들기 위해 만든 것이 아니었던가. 그들의 입맛과 하나가 되는 것은 곧 '가족'의 입맛에 동화되는 것이며 그렇게 가족이 탄생하는 것이다. 과거의 기억들이 그들의 밥상을 가로지르며 서로를 연결한다. 마치 '그래! 스즈, 너는 외톨이가 아니야, 우리는 연결되어 있어!'라고 말하듯이.

아침에 일어난 스즈가 마루에 앉아 언니를 바라보는 장면은 이 영화에서 가장 아름다운 장면에 속한다. 여기서 스즈는 순결한 아름다움의 표상으로 빛나고 있는데, 여기서 그녀를 아름답게 하는 것은 그녀의 존재 자체만이 아니다. 스즈가 입고 있는 옷과 고풍스러운 가옥 그리고 그 가옥의 정원과 계절이라는 과거의 축적이 스즈를 아름답게 만들고 있는 것이다. 이미 스즈는 아버지의 장례식에서 보았던 조숙하고 우울한 소녀가 아니다. 전통이라는 안전한 품속은 그녀를 빛나게 한다. 스즈의 아름다움은 전통의 품 안에 있을 때 가장 빛난다. 그녀를 아름답게, 참으로 숭고하고 아름답게 만드는 것은 그녀 자체만이 아니라, 전통을 표상하는 집과 전통식 마루 그리고 그녀의 의상이 그녀와 하나가 되는 순간이다. 전통의 힘이야말로 개인을 가장 안락하면서도 미의 영역으로 만들어 주는 근원이 되고 있다.

이뿐만이 아니다. 불꽃놀이에 스즈가 입은 유카타ゆかた는 큰언니가 입던 것이다. 치카는 할머니 옷에 코를 대며 할머니 냄새를 찾는다. 이를 따라하는 스즈. 스즈는 그 냄새를 통해 친할머니의 존재를 느낀다. 집안의 물건들도 모두 과거의 표상들이다. 세 자매는 담근 술을 먹고 취해 잠이 든 스즈의 얼굴에서 점을 발견한다. 그 다음에는 속눈썹이 길다는 것을, 그다음에는 귀다. 그리고는 요시노가 말한다. "귀가 언니랑 닮았어." 그제서야 스즈의 얼굴 관찰이 끝난다. 세 자매의 관찰 행위는 우발적인 것이 아니다. 그것은 매우 적극적인 행위에 가깝다. 그들은 사소한 것을 통해서라도 가족의 근거를 발견하고 싶었고, 발견했을 때 그들은 안도하며 행복해한다. 가족 구성을 위한 그들의 노력은 여기서 멈추지 않는다.

옛 기억을 호출하는 절정은 매실나무 에피소드이다. 매실나무는 "할아버지가 엄마 태어난 날 기념"으로 심은 것이다. 무려 55년이나 된 나무이다. 마치 그때를 기점으로 가족이 시작된 듯 그간의 시간과 매실나무는 가족의 기원 같은 것이다. 부엌 바닥 밑에는 담근 매실주가 가지런히 놓여 있다. 작년에 담근 것부터 10년 전 할머니가 담근 것까지, 마치 가족이 시작되었을 때부터 그러했던 것처럼 말이다. 그러한 작업에 스즈가 동참한다. 자신이 언니들을 대신해 매실을 따고, 그 매실에 자신의 이름을 새긴다. 스즈는 그렇게 가족의 길에 한걸음씩 더 다가간다.

◆◆

스즈가 드디어 가족의 구성원으로 승인받는 장면은 키를 재는 사건이다. 집의 한쪽 기둥에는 세 자매의 성장 과정이 새겨져 있다. "사치 3살, 요짱 5살, 사치 6살, 사치 9살, 치카 11살" 등 기둥에는 어린 시절부터 세 자매의 나이와 날짜 그리고 키가 적혀 있다. 조부 때부터 살고 있는 집, 그리고 그 기둥에 표시된 세 자매의 키, 이는 단순히 성장의 기록이 아니라 그들이 시간의 축적에 의해 형성된 가족임을 증명하는 것이다. 이 장면이 감동스러운 것은 드디어 스즈의 키가 처음으로 그 기둥에 새겨지기 때문이다. 마치 합격증서를 주듯 큰언니(둘째 요시노나 셋째 치카가 아니다!)가 그 집안의 역사를 표상하는 기둥에 스즈의 키와 이름을 새긴다. 물론 날짜까지. 가족으로의 승인을 공식화한 것이다. 장녀 사치는 스즈에게 말한다. "여기가 네 집이야, 언제까지나". 이제 가족 구성원으로서의 스즈의 시간이 공식적으로 시작된 것이다.

그들이 끊임없이 공유하고자 했던 과거의 정체란 결국 '전통'이었다. 그들이 살고 있는 전통가옥은 너무나 노골적으로 영화의 주제를 드러내고 있다. 낡은 가구와 그릇들 그리고 부모 때부터 먹던 음식이 과거를 담고 있는 그릇 속에 얹혀 나오고, 네 자매는 음식을 먹으며 전통을 체화한다. 전통은 시간의 축적이자 과거의 산물이다. 전통은 과거와 오늘을 연결할 뿐만 아니라 세대와 세대를, 가족과 가족을 연결하는 초월적 존재이다. 그들이 새롭게 구성하려는 가족의 성립 근거는 혈연이 아니라 전통의 승인이다. 스즈가 언니들의 집으로 이사 오는 순간부터 시험은 시작되었던 것이다. 전통은 그렇게 재난을 당한 한 소녀를 구원한다.

하지만 전통이 모든 문제의 해결사는 아니다. 가족으로서의 공식행사(키재기)를 마친 후 장녀 사치와 막내 스즈는 마을의 언덕으로 올라간다. 그곳은 스즈가 아버지와 함께 오르던 언덕과 유사한 곳이다. 공간만이 아니다. 스즈가 그랬던 것처럼 장녀 사치도 아버지와 이 언덕에 자주 올라왔었다. 하지만 아버지의 외도는 사치와 스즈 모두에게 재난이자 동시에 원망의 시작이었다. 그로 인해 사치는 15년간 부모와 떨어져 동생들과 살았으며, 스즈도 어미의 이른 죽음으로 인해 새엄마의 눈치 속에서 살아야했다. 이제 그들은 억압당한 무의식까지 공유하기 시작한다. 사치가 "아버지는 바보야!"라고 외치자, 스즈도 "엄마도 바보야!"라고 외친다. 그들에게 부모는 소중한 존재이지만 자신들의 운명을 움켜쥐고 있다는 점에서 원망의 대상이기도 하다. 결국 부모란 전통의 대리인, 즉 대타자이다. 대타자는 구성원들에게 정체성을 부여하지만 동시에 생의 여정을 옥죄기도 한다.

남자친구(알바생): "집이 엄청 크네."
요시노: "낡고 불편해."

영화 초반, 차녀 요시노의 남자친구가 네 자매의 집을 보며 크다고 말하자 요시노가 "낡고 불편해"라고 말한다. 이 대사는 전통의 의미를 함축하고 있다. 네 자매가 살고 있는 집은 전형적인 일본의 전통 가옥이다. 이처럼 전통은 낡아서

겨울에는 춥고 문도 잠글 수 없으며, 심지어 "여학생 기숙사" 같은 강한 규율의 세계이다. 이처럼 전통이란 오래된 집처럼 일본 사회를 여전히 지배하고 있는 낡고 불편한 존재이다. 뿐만 아니라 새로운 것들을 허용하지 않는 강한 규율의 세계이다. 아파트에서 살고 싶은 요시노가 자신의 욕망을 포기한 이유도 집단주의의 전통이 심어 놓은 분리불안 때문이다.

그래도 그 안에 있으면 안도감을 얻는다. 비록 전통은 낡았지만 넓다. 그래서 낙오자 스즈도 받아들일 수 있을 만큼 넉넉하다. 사회적 재난으로부터 방파제 역할을 해주고 어려운 자들을 포용할 수 있는 수용성이 그들이 말하는 전통의 힘이다. 큰 언니는 전통적인 어머니상에 대한 강박("책임이 있어, 여기를 지켜야 해.") 때문에 미국에서의 새로운 삶을 거세한다. 전통의 보수성, 즉 전통은 지켜내는 것이다. 그것은 장녀 사치로 하여금 병자를 돌보고, 가족을 지키게 하는 힘이자 개방성을 허용치 않는 것이다. 미국으로 함께 가자는 남자의 요청을 거절하는 것, 그것은 단지 가족의 부양이라는 개인적 책무만은 아니다.

사치: "살아있는 건 다 손길이 필요해."
요시노: "할머니처럼 말하네."

전통이란, 그것은 나이 많은 할머니 같은 것이다. 하지만 그들은 그 손길 안에서 평안을 느낀다. 장녀 사치는 크게 웃지 않는다. 다른 자매들이 모두 희노애락喜怒哀樂을 표현할 때조차도 사치는 크게 동요하지 않는다. 그녀에게 감정은 절제해야 할 무엇이다. 전통이라는 것, 그것은 그렇게 커다란 동요 없이 그들 가운데 서서 중심을 잡고, 그들의 중심을 잡아주며 그렇게 그들의 방향을 인도한다. 이처럼 전통이란 공동체를 지키는 것이며, 그래서 사치의 희생을 숭고한 것으로 전환시킨다. 가족 공동체로 표상되는 전통의 힘은 이렇게 규율과 자기희생의 산물임을 강하게 드러내고 있다. 전통은 그들의 욕망을 억압하면서 동시에 구원하는 두 얼굴의 존재이다.

사회적 재난과 실낙원의 소환

영화 〈심야식당〉(2015)[11]은 〈바닷마을 다이어리〉와 공통

---

11) 마츠오카 조지(松岡 錠司) 감독의 2015년 작품으로 원작은 아베 야로(安倍夜郎)의 만화 〈심야식당〉을 바탕으로 하고 있다. 드라마로 제작되어 인기를 누렸다. 영화 〈심야식당〉은 2015년과 2016년에 제작되었다. 주된 내용은 자정을 넘어 운영하는 도쿄의 작은 식당을 배경으로 상처받고 소외된 사람들이 각자의 사연을 풀어내고, 그들의 아픔을 마스터의 요리를 통해 위로받고 공감을 나누는 이야기이다.

점을 공유하면서도 차이를 지니고 있다. 〈바닷마을 다이어리〉가 가족공동체에 중점을 두었다면, 〈심야식당〉은 사회라는 공동체에 초점을 맞추고 있다. 〈심야식당〉의 표면은 고단한 현대인들이 '심야식당'이라는 공간에서 서로의 상처를 나누고 위로하는 서정적인 서사이다. 복잡한 도쿄의 골목 깊숙이 자리 잡은 여러 심야식당은 현대인들이 잠시 들러 음식과 고단함을 나누고 다시 힘을 얻는 장소이다.

하지만 서정적인 영화의 곳곳에는 크고 작은 재난적 상황들이 삽입되어 있다. 심야식당에 찾아오는 손님들은 각기 자신들의 현재 상황을 일종의 재난으로 여기고 있다. 폐업으로 갈 곳을 잃은 스트리퍼striper, 성적 소수자로서 사회적 차별을 견뎌야 하는 늙은 게이gay, 사기를 당해 노숙자 신세가 된 미치루 등은 여성의 상품화, 성적 소수자, 실업 등 사회적 문제를 떠올리게 한다. 게다가 후쿠시마 쓰나미tsunami로 아내를 잃고 방황하는 겐조의 모습은 전형적인 자연 재난에 해당한다. 이처럼 심야식당의 손님들은 모두 저마다의 재난을 자신의 몸으로 살아 내고 있다. 이들은 가족이 아니며, 〈바닷마을 다이어리〉처럼 특정 지역(마을)의 이웃도 아니다. 이들은 전국적이며, 불특정한 장소에서 불특정의 재난 이야기를 식당으로 지니고 와 풀어낸다. 그런 면에서 그들의 재난은 사회적 성격을 띠며, 심야식당은 사회적 재난을 알리는 장소가 된다.

영화 〈심야식당〉에서 주목해야 할 장면은 후쿠시마에서 온 겐조가 이층 관광버스를 타고 도쿄 시내를 투어하는 사건이다. 관광버스의 안내원이 주변을 소개하면서 '에도江戸'[12])라고 말한다. 도쿄 관광명소를 언급하는 중에 처음이자 마지막으로 딱 한 번 나온 '에도'라는 기표. 왜 하필이면 '에도'였을까? 순전히 우연적인 것이었을까, 아니면 고도의 상징적인 의미를 띠는 것일까? 중요한 것은 〈심야식당〉과 '에도'의 관계가 매우 긴밀하다는 것이다.

우선 소소한 것부터 살펴보자. 영화 속 식당의 구조는 ㄷ자형이다. 테이블 중심에 '마스터(주인)'가 있고, 손님들은 마스터를 중심으로 주위에 둘러앉아 있는 ㄷ자형 모습이다. 이러한 자리 배치는 일본의 역사 드라마나 영화에서 흔히 볼 수 있다. 군주를 가운데에 두고 양 옆으로 신하들이 자리하는 ㄷ자형의 배치는 1867년 막부幕府의 쇼군 도쿠가와 요시노부가 메이지 천황에게 통치권을 반납했던 대정봉환大政奉還을 그린 그림에도 동일하게 나타나고 있다.

억지스러워 보이는 유사성을 조금 더 밀고 가보자. 이제

---

12) 에도(江戸)는 도쿄의 옛 이름으로 1603년부터 1868년까지 쇼군의 무인정권 체제의 막부(幕府, 일종의 사령부)가 위치한 도시였다.

는 식당 주인 '마스터'와 군주(쇼군) 그리고 에도라는 시대를 겹쳐보자. 쇼군을 중심으로 권력의 위계가 형성되듯, 〈심야식당〉에서는 '마스터'를 중심으로 주인과 손님의 위계가 형성된다. 또 쇼군에 의해 지배와 보호를 받던 에도 시대처럼, 영화 속 모든 사건들은 '마스터'를 중심으로 조정되고 해결된다. 다이묘와 백성들이 쇼군에 대한 충성과 존경을 표했듯이, 영화 속 손님들도 마스터에게 존경과 공경을 표한다. 또 쇼군의 자리는 쇼군 외에는 그 누구도 함께할 수 없듯이, 마스터와 격의 없이 지내는 손님들도 마스터의 공간(주방)만큼은 절대로 넘나들지 않는다. 더 있다. 쇼군이나 군주처럼 '주인'에 대한 일상적인 호칭이 '마스터'라는 점, 마스터 눈가의 깊은 상처(칼 자국으로 보인다)는 쇼군의 상처를 연상시킨다.

◆◆

이번에는 공간을 식당 밖으로 옮겨보자. 공교롭게도 심야식당이 몰려 있는 도쿄東京의 옛 이름은 에도江戶이다. 영화 속에서 재현된 골목길과 조밀하게 모여 있는 심야식당 거리는 다양한 종류의 음식을 먹을 수 있는 곳으로 매일같이 많은 사람들이 북적이는 장소이다. 그 골목에서는 "무슨 음식이든 주문이 들어오면 가능한 건 만드는 게 영업방침"이듯 온갖 음식들의 향연이 펼쳐진다. 그런데 이처럼 다양한 음식과 어우러진 도쿄의 밤 문화의 기원이 사실 에도시대부터이다.

> 인구가 100만 명 이상이나 되었던 대도시 에도에는 18세기 중반에 접어들면서 번화가마다 국수를 파는 곳, 수박을 조각으로 파는 곳, 제례에 필요한 벌레를 파는 곳, 찹쌀떡을 파는 곳, 장어구이를 파는 곳, 이쿠요모치(機世餅)를 파는 곳, 차를 파는 곳 등 다양한 가게들이 즐비하였을 뿐만 아니라…(중략) 에도는 규모만 다를 뿐, 오늘날의 도쿄와 마찬가지로 모든 것이 이곳에 집중되어 있었다.[13]

에도 중기에는 인구가 100만에 이르렀는데, 당시 런던의 인구가 70만 명 정도였음을 감안한다면 에도는 이미 세계적인 대도시였다. 당시 에도에는 지방을 다스리는 다이묘大名[14]

---

13) 오쿠보 히로코, 이언숙 옮김, 『에도의 패스트푸드』, 청어람미디어, 2004, 10-12쪽.
14) 다이묘(大名)는 일본 에도 시대 및 그 이전에 걸쳐 지역을 다스리던 강력한 봉건 영주들을 가리킨다. 다이묘는 사무라이 계급 중에서도 상위에 속하는 영주 계급으로, 에도 시대에는 약 250명의 다이묘가 각 지역을 통치했다. 다이묘는 자신이 소유한 땅, 즉 한(藩, 번)이라고 불리는 영지를 통치하며, 각 한에는 독자적인 경제와 군사 조직이 있었다. 다이묘는 쇼군에게 복종하며, 일정 기간 에도 쇼군이 있는 곳에 머물러야 하는 산킨코타이(参勤交代)라는 제도를 통해 중앙 권력에 복종하는 의무를

나 사무라이들의 60-70 퍼센트가 거주하고 있었으며, 일본 전국에서 사람들이 몰려들어 여러 가지 정보가 넘쳐나고 있었다. 그래서 에도에만 가면 먹고사는 문제가 해결될 수 있다는 기대감이 넘쳤다.[15] 또 에도에는 "같은 직종의 사람들이 모여 살았다. 생선가게는 생선가게만의 거리를 만들고, 무사는 무사만으로 한 구역을 이루고, 화폐를 만드는 장인이나 노카쿠샤(能樂者:역주-가면음악극을 하는 사람)들까지도 각각 특정한 장소"[16]에 살아야 했는데, 이러한 환경이 〈심야식당〉의 골목처럼 특정 지역을 중심으로 한 식당가를 형성하는 요인이 되었다. 에도 후기는 번화가 거의 모든 곳에는 상설 포장마차가 일상화되었다.[17] 『간텐견문기寬天見聞記』에 따르면 1806년(분카3 文化三年)[18]에 음식점을 운영하는 상인들의 점포 수는 약 6,165개에 달했다고 한다.[19] 에도의 음식점들이 오

이행해야 했다.

15) 오쿠보 히로코, 앞의 책, 10-12쪽.

16) 이토 세이, 유은경(역), 『일본문학의 이해』, 새문사, 1999, 21쪽.

17) 위의 책, 67쪽.

18) 분카(文化)는 일본에서 1804년부터 1818년까지 사용한 연호로, 에도 막부 시대의 11대 쇼군 도쿠가와 이에나리(德川家齊)의 섭정 시기이다. 분카 3년은 분카 시대의 세 번째 해로 서양력으로는 1806년이다.

19) 『간텐견문기寬天見聞記』는 일본의 연호 간세이기(寬政期)(1789~1801)부터 덴

늘날 도쿄의 번화가와 식당가의 전신이 되었다.

　영화와 에도와의 연관성은 당시 접경지역을 지키던 검문소에서도 찾을 수 있다. 에도시대 쇼군은 다이묘의 반란을 감시하고자 "각 한藩의 접경지역에 검문소를 설치해 통행자들을 검문하고 다이묘의 불법 무기 반입과 부녀자를 통한 밀반출을"20) 감시했다. 영화 〈심야식당〉에도 동네의 치안을 담당하는 파출소와 순경 코구레가 나온다. '코구레'는 골목길 순경에 불과한 것 같지만 실은 동네의 사건들에 개입하고 있다. 특히 타지역의 이방인을 감시, 관찰하는 모습에 초점이 맞춰져 있다. 어느날 마스터는 식당에서 손님이 두고 간 것으로 보이는 유골함을 발견한다. 한동안 보관하다가 분실물 신고를 위해 파출소에 간다. 유골함을 건네받는 순경 코구레는 긴장한다. 그것은 미지의 장소에서 온 미지의 사물이기 때문이다. 코구레는 그것을 격리(경찰청으로 보낸다)한다. 또 미치루에게 사기를 친 남자나 후쿠시마에서 내려온 겐조 등 이방인이 나타날 때면 예외 없이 코구레가 등장한다. 공통적으로 이들은 외부인이며 동시에 심야식당이라는 공동체에 긴

　포키(天保期)(1830~1844) 무렵의 세상사에 비판을 가하면서 당시 서민들의 문화와 상인들의 생활 등을 묘사해 놓은 자료이다.(이토 세이, 앞의 책, 108쪽)
20) 루스 베네딕트, 김진근 옮김, 『국화와 칼』, 봄풀출판, 2010, 114쪽.

장을 일으키는 자들이다. 코구레가 등장하는 때는 바로 이때이다. 그는 마치 에도시대 접경소를 지키던 검문소 담당자처럼 사건 사고를 해결한다. "심야식당"은 에도의 은유이다.

◆◆

그렇다면 왜 〈심야식당〉은 에도를 은유적으로 호출하는 걸까? 답을 찾기 위해서는 먼저 에도시대에 대한 일본인들의 기억을 살펴볼 필요가 있다. 잘 알려진 것처럼 일본인에게 에도시대는 '중세의 막을 내리고, 근세라는 새로운 시대를 꽃피웠던 의미 있는 시대로서, 화폐를 매개로 하여 오늘날과 똑같은 시장경제가 발달했으며, 역사상 처음으로 대중소비사회가 형성되었던 시기였다. 메이지 이후 이룩한 일본의 근대화는 에도시대에 축적되었던 역량[21]을 제외하고는 설명이 안 된다는 것이 중론이다. 이처럼 에도시대는 일본인들에게 "쇄국 체제하에서 300년 가까운 태평성대를 누린"[22] "전쟁 없는 평화로운 시대"[23]이며, "서민들은 태평성대를 연 '에도

---

21) 와키모토 유이치, 강신규 옮김, 『거상들의 시대』, 한스미디어, 2008, 17쪽.
22) 위의 책, 18쪽.
23) 오쿠보 히로코, 앞의 책, 70쪽.

성에 군림하는 쇼균의 백성'이라는 자긍심으로"[24] 살아온 시대로 기억되고 있다. 다시 말해 일본인에게 에도시대는 일본의 전 역사상 가장 행복했던 시대, 이른바 황금시대인 유토피아이다.

하지만 영화 속의 현실은 소외와 재난이 일상화된 곳이다. 자신만의 재난을 이끌고 하루를 살아가는 파편화된 개인뿐이다. 일상적 재난을 견뎌내는 방법은 크게 세 가지이다. 현실을 변혁하거나 냉소주의자가 되거나 아니면 꿈을 꾸는 것이다. 오늘날 보수화된 일본에서는 변혁을 기대하기 어렵다. 오히려 독일의 철학자 슬로터다이크Peter Sloterdijk가 말한 냉소주의에 더 가까운 상태로 보인다.

> 현대의 냉소주의자는 심리학적으로 자신이 경계선상의 우울증 환자라고 이해한다. 그는 우울증을 통제하면서 어느 정도의 작업 능력을 유지할 수 있다. (중략)
> 냉소주의자는 바보가 아니다. 그들은 늘 만사의 궁극적 귀착점인 무(無)를 보기 때문이다. 그동안 그의 심리적 장치는 충분히 유연해져 생존 요소로서 자신의 활동에 대한

---

24) 위의 책, 12쪽.

> 영구적 회의를 자기 내면에 설치했다. 그들은 자기들이 무엇을 하는지 알고 있다. 그러나 상황 논리나 자기 보존의 욕망이 그렇게 해야 한다고 말하기 때문에 그렇게 행하는 것이다. 그들은 자신이 하지 않으면 다른 이들이, 어쩌면 더 못난 사람들이 어차피 그렇게 할 것이라고 생각한다. 이렇게 새로이 통합된 냉소주의는 자신이 희생자이고 희생당하고 있다고 생각하면서 스스로에게 이해심을 보인다. 그는 근면하게 동참하는 담담한 겉모습 속에 상처받기 쉬운 불행, 눈물을 쏟고 싶은 욕망을 잔뜩 지니고 다닌다. 그 안에는 '잃어버린 순결'에 대한 슬픔, 즉 자신의 모든 행위와 작업의 궁극적 목표였던 좀더 좋은 지식에 대한 일말의 애도가 들어 있다.[25]

『냉소적 이성 비판』의 저자 슬로터다이크의 냉소주의를 짧게 요약하면 이렇다. "문제가 있는 건 알아, 세상이 원래 그렇지 뭐." 때론 신랄하게 현실을 비판하지만 딱 거기까지이다. 그들은 알면서도 여전히 그렇게 행하는 자들이다. 그러면서 자신을 현실의 희생자로 여기면서 움츠러든다.

---

25) 페터 슬로터다이크, 이진우·박미애 옮김, 『냉소적 이성 비판』, 에코리브르, 2005, 46-47쪽.

냉소주의자가 되고 싶지 않다면 다음의 방법이 있을 수 있다. 꿈을 꾸는 것이다. 일본의 오타쿠おたく 현상이 그렇다. "오타쿠란 근대적인 미디어 환경이 일본의 사춘기적 심성과 상호작용함으로서 성립된, 기묘하고 독특한 공동체이다."[26] 사이토 타마키齊藤環의 『전투미소녀의 정신분석』은 일본 애니에서 왜 그토록 '싸우는 미소녀'들이 대거 나타나며, 그것이 오타쿠 문화 및 일본 정신과 어떤 연관이 있는지 흥미롭게 다루고 있다.

◆ ◆

또 다른 방법도 있다. 현실에서 행복을 발견할 수 없을 때 가장 쉬운 방법은 행복했던 과거를 기억하고 그리워하는 것이다. 이를 위해서는 우선 행복했던 과거가 존재해야 한다. 그다음에는 그중에서 가장 행복했던 과거로 돌아가는 것이다. 그런 점에서 영화 〈심야식당〉은 정확하게 꿈 이야기이다. 재난이 일상화된 현실에서 극우적 전체주의와 냉소주의와 거리를 두기 위해서 잠시나마 행복했던 과거, 즉 문제의

---

[26] 사이토 타마키, 이정민·최다연 옮김, 『전투미소녀의 정신분석』, 에디투스, 2018, 22쪽.

해결과 위로 그리고 공존이 가능했던 유토피아인 '에도 시대'를 기억하게 하고 꿈꾸도록 안내하는 역할이 바로 영화 〈심야식당〉이다.

> *"하루가 저물고 모두 귀가할 무렵 나의 하루가 시작된다.*
> *영업은 밤 12시부터 아침 7시까지*
> *사람들은 가게를 '심야식당'이라 부른다."*
>
> - 영화 도입부 내레이션 중에서 -

꿈-환상에 진입하는 가장 일반적인 루틴은 '시간'이다. 밤 12시가 되자 식당에 불이 켜지고 손님들이 들어오는 이 장면은 현실이 환상의 시공간으로 전환되는 전형적인 모습이다. 〈센과 치히로의 행방불명〉(2001)에도 비슷한 모습이 나온다. 어둠이 내리면서 퇴락한 놀이동산의 식당에 불이 켜지고 손님(유령)들이 몰려오듯이, 〈심야식당〉도 밤 12시를 기점으로 현실에 공백이 생겨난다.[27] 심야식당의 골목길에 하나 둘 불이 켜지기 시작하고 사람들이 모여드는 이 장면은 새로

---

27) 심야식당을 〈센과 치히로의 행방불명〉, 〈이웃집 토토로〉와 연결시켜 마법의 공간으로 보는 관점으로는 김수정, 아먀나카 치에, 「TV 드라마 속 음식의 표상에 대한 비교문화적 연구」, 『언론정보연구』 55 (2), 서울대학교 언론정보연구소, 2018. 5. 169-212쪽 참조.

운 시공간이 열리는 그 자체이다. 그래서 "하루가 저물고 모두 귀가할 무렵 나의 하루가 시작된다"라는 마스터의 독백은 현실의 세계가 멈추고 '나의 하루'라는 또 다른 세계가 열리는 신호이다. 탈주술(문명)에서 주술(환상)의 세계로 전환되면서 존재와 비존재의 경계인 유령의 시간이 도래한다. 다시 말해 12시의 종소리와 함께 이곳은 도쿄라는 현실에서 에도라는 환상으로 넘어간다. 현실의 시간이 잠들고 꿈의 세계가 시작되는 순간이다.

영화 속 인물들은 에도라는 은유 속에서 행복을 느낀다. 비록 식당 밖 현실은 온갖 재난과 고난의 삶이지만, 식당 안(에도라는 환상)에서는 현실의 갈등이 봉합되고 해결된다. 늙은 게이는 마스터의 달걀말이를 먹으면서 현실의 괴로움을 잊고, 사채업자는 마스터의 나폴리탄Napolitan을 먹고 다시 활기를 찾는다. 갈 곳 없던 노숙자 미치루는 마스터의 일을 돕다가 새로운 직장을 얻게 된다. 전 남편의 유골함을 놓곤 간 여자와 후쿠시마 재난으로 아내를 잃은 겐조 모두 마스터가 만들어 준 카레와의 인연으로 삶의 의미를 되찾게 된다.

그들의 행복은 일본의 집단주의와 연관이 있다. 일본에서는 "사람들이 집단을 형성하면 그 집단의 성격을 가족 관계처럼 변모"[28])시키는데, 이는 일본의 전통적인 집단의식과 관계가 있다. 에도시대에는 인민이 군주를 아비처럼 여겼으며, 군주는 인민을 자식처럼 보호하는 부권정치父權政治가 있었다. 게다가 일본의 봉건 군주와 신하 사이에는 상대방에게 강압적으로 의무를 요구하지 않았으며, 봉건 군주는 인민의 보호를 천명(天命)으로 여겼다고 한다. 그래서 인민들 역시 자존심 있는 복종과 품위 있는 행동, 진심에서 우러나오는 종속, 높은 지위의 전신을 잃지 않는 예속이 있었다.[29]

영화 〈심야식당〉의 마스터와 손님들도 동일한 관계를 보여준다. 손님들은 아버지에게 고민을 털어놓는 자식처럼 마스터를 찾아와 자신의 문제를 이야기한다. 마스터는 자애로운 아버지처럼 그들의 이야기를 끝까지 들어준다. 마스터는 에도의 군주처럼 그들을 사랑하고 존중한다. 하지만 그들의 삶에 직접 개입하지 않는다. 대신 군주가 천명을 행하듯, 마스터는 그들 스스로 문제를 해결하도록 간접적으로만 도움을 준다. 이제 그들은 마스터를 중심으로 연결되고 집단이 되며 또 가족과 같은 유대감을 갖는다. 그들은 더 이상 아무

---

28) 이기동, 앞의 글, 87쪽.
29) 일본문화연구회(편), 『일본과 일본문화』, 불이문화, 2003, 46-47쪽.

관계없는 타인이 아니라 하나의 공동체가 된다.

영화의 끝 무렵, 눈이 내리는 겨울, 카메라의 앵글은 밖에서 행복으로 가득한 식당 안을 비춘다. 각자 버거운 사연들을 지닌 채 살아가던 손님들이 모여 있다. 그러던 중 '미치루'가 마스터를 위해 음식을 싸오자 모두들 반가워하고, 함께 음식을 나눠 먹으며 행복해한다. 카메라 앵글이 식당의 여닫이문을 이동하며 행복해하는 군상을 비추면서 영화를 끝맺는다. 이 장면이 전하는 것은 결국 행복이란 심야식당이라는 환상 속에만 존재하며 그곳에서만 가능하다는 것이다.

이렇게 볼 때 영화 〈심야식당〉은 과거의 상실에 대한 애도이자 소환의 장치이다.

> *"그대의 하얀 입김이*
> *유유히 바람을 타고 하늘로 올라*
> *구름 속으로 희미하게 사라져 갑니다*
> *높디높은 하늘의 하얀 구름이*
> *그대 숨결을 담고 두둥실 떠가네요"*
>
> — 오프닝 곡 '思ひで(추억)' 가사 중에서

영화 오프닝 곡인 '思ひで(추억)'은 일본의 전형적인 감성인 모노노아와레物の哀れ이다. 모노노아와레는 에도 시대의 국학자인 모토오리 노리나가本居宣長가 주장한 것으로 오늘날까지도 일본의 미의식을 설명하는 개념이다. 모노노아와레를 간략히 요약하면 자연과 인간, 사물에 대한 슬픔과 비애, 애정의 감정이다. 예를 들어 벚꽃의 절정을 만개가 아닌 꽃이 지는 순간으로 여기는 정서이다.

> 일본은 에도시대에 이런 모노노아와레의 공통감정을 기반으로 하는 사회시스템이 형성되었다. "인간은 자연과 사회로부터의 압박하에서 살 수 밖에 없는 취약하고 슬픈 존재"라는 자기연민의 감정에 입각한 모노노아와레 공동체에서는, 그런 부정적 함의의 자기감정을 공유함으로써 "다른 사람들도 모두 나와 똑같이 고통받고 있다"는 굴절된 심리를 통해 모노노아와레 미의식이 연대감의 토대로서 기능하게 된다. 이런 모노노아와레 공동체는 근대 이후 서서히 쇠퇴했지만, 기본적으로는 지금까지도 여전히 동일한 구조가 존속하고 있다. 단지 사회뿐만 아니라 개개인의 내면도 이런 시스템에 상응하여 형성되며, 거기서 허무감은 모노노아와레의 발효에 있어 없어서는 안 될 전제이다. 그러니까 적절하게 허무감을 느끼는 능력은 일본

인에게 불가결한 교양으로 간주된다. 모노노아와레의 미적 감각은 동일한 감정을 느낄 줄 아는 타자와의 직접적인 공존을 환출(幻出)시키기 때문이다.[30]

　노랫말인 "그대의 하얀 입김이 유유히 바람을 타고 하늘로 올라 구름 속으로 희미하게 사라져 갑니다"처럼, 에도라는 과거(전통)는 형체를 알 수 없는 유령처럼 희미해져만 간다. 이 노래는 사라져만 가는 실낙원에 대한 그리움과 이를 다시 소환하고픈 간절함의 은유적 재현이다. 이 소망은 수미상관首尾相關 서사 구조를 통해 선명해진다. 엔딩 장면. 오프닝을 메우던 노래가 다시 흘러나오고 마스터는 오프닝의 내레이션을 다시 읊조린다.

　　"사람들은 가게를 '심야식당'이라 부른다.
　　손님이 있냐고? 생각보다 많아!"

　과거(환상)와 현재의 순환적 구조 속에서 고단한 삶은 '아무 일도 일어나지 않았던 그 시점'으로 되돌아간다. 현실과

---

30) 박규태, 「"일본교"와 섹슈얼리티: 미시마 유키오·천황제·에로티시즘」, 『종교문화비평』 23, 종교문화비평학회, 57쪽.

환상의 무한반복은 추상적 무시간성의 세계를 구축한다. '지금 여기'의 문제 상황을 돌파하기보다는 과거로 회귀해 안착하려는 태도는 역사적으로는 퇴행이며 심리적으로는 강박증의 모습이다. 영화 속 인물들은 재난을 직시하지 않는다. 그들은 재난에 맞서 싸우고 해결 짓기보다는 환상을 택한다. '심야식당'이라는 환상 세계의 문을 여는 사람이 '생각보다 많은' 이유도 이 때문이다. 파국의 실재적 상황을 회피하고 안락했던 과거로의 회귀는 수동성 자체이다.

유아기적 나르시시즘

여기까지 왔으면 다음의 질문은 필연적이다.

'왜 일본은 그토록 과거에 집착하는 걸까?'

일본에는 셀 수 없을 정도로 과거와 전통을 다룬 서사가 존재한다. 그리고 '이세계異世界'[31]를 다룬 판타지 애니와 드라

---

31) '이세계(異世界)'는 말 그대로 이곳과 다른 세계를 말한다. 2000년대 일본에서 유행하기 시작했으며, '이세계'를 다룬 장르를 이세계물(異世界物/Isekai)이라 부르고 있다.

마, 영화도 넘쳐난다. 이런 현상은 과연 우리가 언급했던 주제와 무관한 것일까? 왜 그들은 진취와 변혁에 침묵하고 있는 것일까?

한때 일본의 버블 경제와 J-서브컬처는 변화의 상징처럼 여겨졌다. 하지만 그것은 말 그대로 '버블'이었다. 오늘날 일본 사회는 '변화'가 아닌 '지속'이 지배하고 있다. 학자들은 이 원인을 만성화된 경제 침체, 정치적 고루함, 아날로그적 시스템, 대중의 무기력 등에서 찾고 있다. 일본 사회가 활기를 잃은 채 축 가라앉아 있다는 것이다.

일본의 비판적 사상가 후지따 쇼오조오藤田省三는 이 사태의 근원을 '보육기관(保育器官)'으로 전락한 사회 시스템과 유아기적 상태에서 찾고 있다. 쇼오조오는 일본 사회를 거대한 보육기관으로 보고 있다. "온몸이 통째로 소속되는 보육기관이 계단처럼 쌓아올려진 형태로 사회구조가 조성되어 있어서 성숙의 모태인 자유로운 경험을 하기 어렵다는 것이다."[32] 일본인의 성장 과정은 하나의 보육기(保育器)에서 다른 보육기로의 이동의 연속이며, 다른 보육기로 진입하기 위해서는 "격렬한 경쟁시험"을 거쳐야 한다. 시험은 "관료기구

---

32) 후지따 쇼오조오, 이순애 엮음, 이홍락 옮김, 『전체주의의 시대경험』, 창비, 2014, 27쪽.

의 특징인 문서주의 원칙에 따라 서식이 이미 정해진 필기시험으로 특정한 일면의 능력만을 묻는다. 취직 후의 승진 시험도 특정하고 단편적인 업무능력이나 '사내(社內)'라는 특정한 장에서의 행동양식을 점검하는 데 지나지 않는다." 하지만 일단 통과만 하면 "비로소 작은 안정과 풍요가 보장"[33]되기에 전력을 다한다. 이른바 '안락에의 자발적 예속'이다.

쇼오조오는 여기서 일본 특유의 '중류의식(집단주의)'가 발생한다고 보고 있다. 일단 하나의 보육기에 진입하면 쫓아낼 일은 없기에 기본적인 삶의 보증은 확보했다고 생각한다는 것이다. 대신 보육기 차제가 위험에 처했을 때는 보육기 자체에 대한 맹렬한 충성과 헌신적인 응원을 보내기 시작하는데, 보육기의 향방이 개개인의 존립을 전적으로 좌우한다고 여기기 때문이다.

> 흔히 외국의 비평가들은 일본인을 집단주의자라고 평하는데, 일단은 맞는 말이다. 단 일본인의 집단주의는 상호관계 체계로서의 집단, 다시 말해서 사회를 사랑하는 것이 아니라 자신이 소속된 집단을 극도로 사랑하며, 이를 지나

---

33) 위의 책, 27-28쪽.

치게 사랑함으로써 자기애를 만족시키고 있기 때문에 거기에 근본적인 자기기만이 있는 것이다.[34]

"일본이 가장 두려워한 것은 국가지상주의의 파괴"[35]라고 할 정도로 일본문화에는 집단의식에 대한 강박이 있다. 일본문화의 근원으로 불리는 "집단주의의 원형은 가족주의이며 마을"[36]에 그 뿌리를 두고 있다. 그런데 쇼오조오는 자신이 속한 집단(보육기관)에 대한 사랑이 실은 사회가 아닌 국소적인 집단, 무엇보다 보육기에 속한 자신의 안정을 위한 사랑이라는 점에서 기만적인 나르시시즘narcissism으로 규정한다. 쇼오조오는 이러한 심리가 일본인의 정신적 성숙을 방해한다고 주장한다. "서식도 정해져 있고 완벽한 해답도 정해져 있어서 원리상 예측 불가능성이 배제된" 선험주의 시스템에서는 "미지의 통제 불가능한 것과의 만남 그 자체가 예측 능력의 부족을 입증하는 부끄러운 사태로 간주된다."[37] 그래

---

34) 위의 책, 99쪽.
35) 吉田精一, 『自然主義の研究 上』, 小峯書店, 1976, 27쪽, 강인숙, 『일본 모더니즘 소설연구』, 생각의나무, 2006, 17쪽 재인용.
36) 구견서, 『현대 일본문화론』, 시사일본어사, 2000, 108쪽.
37) 쇼오조오, 앞의 책, 29쪽.

서 일본인에게는 경험은 없고 체험만 있다고 말한다. 경험이 고통을 수반한 미지와의 만남이자 상호교섭의 사건이라면, 체험은 기존의 반복에 불과하다. 경험의 부재와 체험의 과잉은 일본인을 마치 유치원생처럼 전락시킨다. 선생님의 지도에 따라 결과가 예상되는 체험의 반복으로는 정신적 성숙을 기대하기 어렵다. 일본 사회에 만연한 '카와이可愛い' 문화가 그 예이다. 기본적으로 연약함과 유아적인 속성을 지닌 '카와이'는 미성숙의 상태이다.

미성숙의 상태는 당연하게도 대타자—부모에 의존적으로 만든다. 국가, 사회라는 거대한 보육기에 자신을 의탁해야 존재할 수 있다는 믿음은 여전히 성숙의 단계에 진입하지 못했다는 단면이다. 일본 서사에서 '과거(전통)'를 중심으로 '집단주의'에 의존하거나 아니면 환상 세계에 몰입하는 것은 전형적인 유아의 모습이다. 잘 알려져 있듯이 일본의 욕설 문화는 그리 발달되어 있지 않다. 욕설 표현이 풍요롭지 않은 것이다. 그런데 원래 어린아이들은 욕도 잘 모르고, 잘하지도 못하지 않는가? 무엇보다 아이들에게 욕설은 금지된 언어이다.

에필로그

"질 수도, 이길 수도 있어
하지만 다시 이곳으로 돌아오진 않을 거야."
(We may lose and we may win
Though we will never be here again)
- 이글스(Eagles), <Take It Easy> 가사 중에서

히어로, 빌런, 괴물, 신, 재난 사태에 대해 의심하고 질문을 던지며 여기까지 왔다. 속지 않기 위해, 속지는 않았는지 확인하기 위한 방황이었다. 루카치Georg Lukács는 자본주의 인간의 운명에 대해 '여행이 시작되자 길이 끝나버렸다'라고 말했지만, 우리의 여행은 바로 끝의 지점에서 시작되었다. 질문의 씨가 새로운 길을 내 주길 바라면서 여기까지 왔다. 물론 여정이 끝난 것은 아니다.

우리가 보았던 존재들은 언캐니한 자들이다. 친숙하면서도 낯선 그들은 사실 우리의 자화상이자 오늘날 복잡다단한 사회현상에 대한 응축된 재현이다. 메리 셸리Mary Wollstonecraft Shelley의 『프랑켄슈타인』을 변주한 『프랭키스슈타인』은 창조

주와 피조물인 괴물에 대해 '우리는 똑같아요, 똑같다고요'[1]라고 말한다. 이는 헤겔의 '대립물의 일치'에 그치는 것이 아니다. 오히려 긍·부정의 대립이 사라지는 순간 발생하는 언캐니를 가리키기 위해서이다. 칼 슈미츠Carl Schmitt가 말한 '친구'와 '적'의 구분이 흐려지는 사태 속에 그들이 서 있다. 알 것 같으면서도 설명 불가능한 타자, '적' 이상의 두려움을 안겨주는 그들이기에 질문은 더욱 필요한 것이다.

하워드 J. 포드Howard J. Ford, 조나단 포드Jon Ford 감독의 영화 〈The Dead〉(2010)는 좀 특이한 좀비 영화이다. 물론 느닷없이 좀비가 출현하고 사람을 잡아먹는 서사의 루틴은 여전하다. 그런데 좀비들이 좀 이상하다. 뛰지도 않으며 먹는 것에 그리 집착하지 않는다. 대신 사람을 응시한다. 미군 항공 기술자인 머피 대위는 아프리카 해안가에 추락한다. 겨우 살아났다는 안도감도 잠시 '흑인' 좀비가 눈앞에 보인다. 황급히 무기를 찾는 머피 대위, 그런데 이상하다. 좀비들이 그를 가만히 응시하고 있는 것이다. 그러더니 천천히 그를 향해 다가온다. 괴성을 지르지도, 달리지도 않는다. 다리뼈가 튀어나온 채 절뚝거리며 천천히 걸어오는 좀비, 생전에 장애가

---

1) 지넷 윈터슨, 김지현 옮김, 『프랭키스슈타인』, 민음사, 2023, 288쪽.

있었는지 앉은뱅이 좀비는 두 팔로 힘들게 다가온다. 이 장면은 마치 어려움에 처한 나그네를 돕기 위해 다가온 '선한 사마리아인' 같다. 흑인들이 백인의 상황을 살피고 있다. 그가 위험에 처했다는 걸 안 흑인들이 그를 돕기 위해 걸어온다. 그들은 흑인이다. 게다가 그들 역시 도움이 필요한 존재 같다. 다리가 부러지고, 앉은뱅이라는 장애를 갖고 있다. 그런데 그들이 도우러 온다. 백인 대위가 놀랄까 봐 천천히 그를 살피며 다가온다. 그런데 대위는 그들을 향해 총을 난사한다. 그들은 총을 맞으면서도 도우려고 한다. 하지만 총알 세례에 모두 쓰러진다.

비슷한 장면이 또 있다. 미드 〈워킹데드〉 시즌1의 주인공 릭은 혼수상태에서 깨어나 언덕길을 걷던 중 상반신만 남은 늙은 여성 좀비를 만난다. 릭은 총을 쏘려다 그만두고 가던 길을 간다. 그런데 좀비가 양팔로 상반신을 끌고 고집스럽게 릭을 따라온다. 이 장면은 멈추지 않는 좀비의 식욕을 말하는 것 같지만 한편으로는 고통에 빠진 이웃에 대한 환대의 의지처럼 보이기도 한다. '네 이웃을 네 몸과 같이 사랑하라'의 실천으로 읽으면 안 되는 것일까? 좀비 영화에서 진정한 적은 좀비가 아니라 이웃―인간임은 다들 알고 있지 않은가?

누군가는 끊임없이 의심하고 질문을 생산하는 우리를 '의

심'의 눈초리로 볼 수 있다. '원하는 게 뭐야! 세상에 혼란을 일으키고 싶어! 불순분자가 되고 싶은 거야!' 정직하게 대답해야 한다. 여기까지 왔는데 주춤거릴 이유가 없다. "맞습니다. 저는 변화를 원합니다. 제가 원하는 파열음은 혼란이 아닌 새로운 시작을, 몰락이 아닌 새로운 생성을 위한 것입니다."

언캐니한 존재들은 실로 불편한 자들이다. 그들은 일종의 침전물이다. 물 위를 부유하던 찌꺼기들이 뭉쳐 가라앉은 오염물 혹은 폐기물이다. 사람들은 침전물을 제거하면 호수가 정화될 거라고 말한다. 하지만 여기에는 하나의 역설이 존재하는데, 침전물 자체가 바로 호수라는 것이다. 슬라보예 지젝은 금융 투기라는 더러운 폐수를 버리면 건강한 자본주의가 실천될 수 있다는 믿음이 오해라고 말한다. 왜냐하면 더러운 폐수가 바로 자본주의 자체이기 때문이다.[2] 다시 말해 언캐니한 존재들을 소거하는 방식으로 사회적 안전이 보장되는 것은 아니다. 침전물로 인해 정화된 호수가 가능하듯, 사회적 공존에 대한 새로운 대안을 찾기 위해서는 침전물인 그들을 응시할 수 있는 용기가 필요하다. 나치의 유대인 말살 정책인 '최종 해결책'은 최선이 될 수 없다. 언캐니한 자들

---

2) 슬라보예 지젝, 박준형 옮김, 『자본주의에 희망은 있는가』, 문학사상, 2017, 57쪽.

이야말로 사회공동체의 필요불가결한 요소이며 그들을 통해 새로운 윤리와 실천이 가능할 수 있다는 믿음이 필요한 때이다. 속지 않기 위한 방황은 현재 진행형이어야 한다. 다시 대타자의 품속으로 돌아갈 일은 없다.

언캐니한 것들의 목소리

'낯익은 낯섦에 관한 철학 에세이'

초판 발행	2025년 7월 1일
지은이	서동수
펴낸이	변완희, 김문선
디자인	강윤하, 김진우
편집	권혜영
교열교정	허우주

펴낸곳	MW Books
주소	대전광역시 유성구 계룡로 66번길 42, 102(봉명동)
전화	(042)826-3513
팩스	(042)826-3713
이메일	mwbooks07@gmail.com
블로그	https://blog.naver.com/mwbooks07
등록번호	제2024-000004호

ISBN	979-11-992045-0-8 (03110)
가격	17,500원

이 책은 아래의 글을 수정하고 보강한 것임을 밝힌다.

- 「히어로와 빌런의 변증법과 질문의 윤리학」, 『스토리앤이미지텔링』 22, 스토리앤이미지텔링연구소, 2021. 12.
- 「좀비, 엑스 니힐로의 주체와 감염의 윤리」, 『대중서사연구』 25 (3), 대중서사학회, 2019. 8.
- 「구원의 주체와 사랑의 혁명성」, 『스토리앤이미지텔링』 24, 스토리앤이미지텔링연구소, 2022. 12.
- 「재난사회의 은유와 가족 그리고 전통」, 『스토리앤이미지텔링』 16, 스토리앤이미지텔링연구소, 2018. 12.